SPANISCH KOCHEN

SERGIO VASQUEZ

UMSCHAU

Für Delia Tartera Coll und Nuria Martinez Tartera,
als Dank für die Hilfe an diesem Projekt.

Hinweis

Dieses Buch ist als Nachschlagewerk und nicht als medizinisches Handbuch gedacht. Die hier zusammengefassten Informationen sollen dazu dienen, fundierte Entscheidungen in Sachen Gesundheit zu treffen. Das Buch ist kein Ersatz für eine wie auch immer geartete, ärztlich verschriebene Behandlung. Sollten Sie Befürchtungen bezüglich eines gesundheitlichen Problems haben, raten wir dringend, fachkundigen medizinischen Rat einzuholen.

Besuchen Sie uns im Internet
www.umschau-buchverlag.de

Titel der Originalausgabe „Fresh Spanish. Over 80 healthy Spanish recipes“

Übersetzung
Betina Berriel Díaz, Köln

Satz
Gerda Günther, posi.tiff Dienstleistungen GmbH

Printed in China

ISBN 978-3-86528-285-9

Inhalt

Einleitung

Köstliche, sonnengereifte Tomaten und süße Paprika, saftige Orangen, Pfirsiche und Feigen, meisterhaft verarbeitetes Fleisch, frischer Fisch und eine eindrucksvolle Vielzahl verschiedenster Käsesorten – die spanische Küche kann aus dem Vollen schöpfen und das Essen als entspannte, freudige und gesunde Lebensweise zelebrieren.

Die spanische Küche ist so vielseitig wie die Landesgeschichte selbst und spiegelt die unterschiedlichen Einflüsse der Vergangenheit wider. Die Mauren Nordafrikas, die über 800 Jahre in Spanien verbrachten, führten viele neue Zutaten ein, wie etwa Mandeln, Auberginen, Zimt, Kreuzkümmel, Muskat und Honig. Auch Kochtechniken wie das Grillen von Fleischspießen über offenem Feuer, in Olivenöl frittieren und in Essig einlegen verdanken die Spanier den Mauren. Die spanischen Worte für Reis (*arroz*), Öl (*aceite*) und Mandeln (*almendras*) sind allesamt arabischen Ursprungs.

Die über Jahrhunderte in Spanien ansässige jüdische Gemeinschaft hinterließ gleichermaßen ihre Spuren in zahlreichen Speisen. Das beste Beispiel ist wohl der *Cocido* *(Seite 105)*, Spaniens Nationalgericht aus langsam geschmortem Fleisch, Gemüse und Kichererbsen, das dem Sabbat-Eintopf der sephardischen Juden, der *Dafina*, sehr ähnelt.

Auch der Katholizismus hat die spanische Küche nachhaltig beeinflusst. Salzgetrockneter Kabeljau wurde für die Fastenzeit haltbar gemacht und Schweinefleisch ist zu einem festen Bestandteil des christlichen Speiseplans geworden, weil es sowohl bei Mauren als auch Juden verboten war. Während der spanischen Inquisition wurde der Verzehr von Schweinefleisch zum Loyalitätsbeweis gegenüber der katholischen Kirche.

Selbstverständlich gibt es auch regionale Unterschiede, da das Flachland, die Berge und die Küsten Spaniens eine Vielzahl verschiedenster Produkte hervorbringen. Jede Region macht das Beste aus ihren naturgegebenen Reichtümern und verleiht der regionalen Küche einen ganz eigenen Charakter. Entlang der Pyrenäen liegen das Baskenland, Navarra und Aragonien, und jede Region hat ihre eigenen Spezialitäten. Im Baskenland findet man Meeresfrüchte aus Mittelmeer und Atlantik und salzgetrockneter Kabeljau ist ein ganz großes Geschäft. Aus Navarra kommen wundervolle Gemüsesorten und aus den Bergen Aragoniens eine Fülle an Wildtieren. Das nördliche Galicien gilt als Provinz der Meeresfrüchte, während Asturien für seine herzhaften Bohnen- und Wurstgerichte, wie der famosen *Fabada*, und für einen erstklassigen Käse bekannt ist.

In Zentralspanien – Madrid, dem nördlichen Kastilien-León, Neukastilien, La Mancha und Extremadura – gehören herzhaft-würzige Speisen mit gebratenem Schwein und Lamm, langsam gegarte Eintöpfe und aromatische Gemüsegerichte zu den geläufigsten. Extremadura ist vor allem für erstklassiges Schweinefleisch bekannt, insbesondere für die daraus erzeugten Schinken, Würste und Pasteten.

Die Küche des südlichen Andalusiens lässt, ebenso wie die Architektur, die Landwirtschaft und die Musik, einen deutlichen arabischen Einfluss erkennen. Am berühmtesten sind wohl die grünen Oliven und der abgehangene, rote Schinken, aber auch Fisch, Meeresfrüchte, Obst und Gemüse liegen ganz weit vorn.

An der Ostküste liegen Katalonien und Levante. Die katalanische Küche hat französischen Flair und trägt köstlichen Fisch und Meeresfrüchte auf. Auch Herzhaftes mit Wurst und Bohnen ist sehr beliebt. In Levante liegt die Stadt Valencia, dem Entstehungsort des wohl bekanntesten spanischen Gerichtes, der Paella – aber es gibt auch viele andere leckere Reisgerichte. Zusammengenommen bieten die Regionen Spaniens die womöglich vielseitigste Bandbreite nahrhafter und köstlicher Gerichte, die eine Nationalküche hervorbringen kann.

Spanisch genießen

Das Leben in Spanien dreht sich ums Essen. Es beginnt mit dem Frühstück, das man auf dem Weg zur Arbeit in einer Bar zu sich nimmt, gegen 14 Uhr folgt ein gemächliches Mittagessen. Nach Feierabend genehmigt man sich einen Snack, um den Tag dann mit einem sehr späten Abendessen abzuschließen. Die Mahlzeiten werden als Gelegenheit betrachtet mit anderen Menschen zusammenzukommen.Tapas – die meistgelobte aller spanischen Erfindungen – sind der perfekte Weg, um sich formlos zu treffen und bei einem Drink und einem leichten Bissen auf den neuesten Stand der Dinge zu kommen. Alles begann in Andalusien: die Legende besagt, dass eine Scheibe Brot auf ein Glas gelegt wurde, um die Fliegen fernzuhalten (das spanische Wort tapa bedeutet „Deckel"). Die Tradition verbreitete sich und heute findet man in ganz Spanien Tapa-Bars, in denen sich plaudernde, trinkende und speisende Menschen tummeln. Auch für Tapas werden nur die frischsten Zutaten verwendet, die je nach Jahreszeit und Region variieren. Die Tapas selbst reichen von den leichtesten Happen wie marinierten Oliven *(Seite 30)*, zu reichhaltigeren wie dem Klassiker aus Kartoffeln und Tomaten *(Patatas bravas, Seite 48)* oder Hackfleischbällchen in Tomatensauce *(Albóndigas, Seite 22)*.

Die zahlreichen Fiestas sind gleichermaßen Anlass zum Essen und Trinken. Es gibt spezielle Speisen für Festtage und jede Stadt hat ihr eigenes Fest, bei dem die Bewohner gemeinsam feiern, essen und trinken. In einem einzigen Jahr finden tatsächlich Tausende dieser Feierlichkeiten im ganzen Lande statt.

GESUNDE ERNÄHRUNG Während allein die Vielseitigkeit, die Frische und die Qualität der in der spanischen Küche verwendeten Zutaten bereits eine nahrhafte und ausgewogene Kost bedeuten, wurden alle Rezepte in diesem Buch unter dem Aspekt der Gesundheit ausgesucht und teils etwas abgewandelt. Ungesättigte Fette, wie das in der spanischen Küche so wichtige Olivenöl, erhöhen den Anteil des „guten" Cholesterins (im Blut von Lipoproteinen hoher Dichte, kurz HDL, transportiert) im Verhältnis zum „schlechten" Cholesterin (welches im Blut von Lipoproteinen niedriger Dichte, LDL, transportiert wird). Gesättigte Fette, wie beispielsweise Butter, erhöhen dagegen den „schlechten" LDL-Cholesterinspiegel, was mit einem erhöhtem Risiko von Herz-Kreislauf-Erkrankungen einhergeht.

Zu viel Salz kann zu erhöhtem Blutdruck und folglich auch zu Herzleiden und Schlaganfällen führen. Erfreulicherweise ist die spanische Küche reich an köstlichen und gesunden mediterranen Kräutern und Gewürzen. Die Mengenangaben für Salz sind in diesen Rezepten reduziert worden, zum Vorzug frischer Kräuter wie Petersilie, Estragon und Minze, Gewürzen wie Paprika, Zimt und Safran und gesunde Ingredienzien wie Knoblauch und Zitronensaft.

Die großzügige Verwendung von frischem Saisongemüse ist eine der Wonnen des spanischen Mahls und gleichzeitig der Grund dafür, warum diese Kost so bekömmlich ist. Die Rezepte zeichnen sich durch viel frisches Gemüse aus, das sowohl roh als auch gegart enthalten ist, und holen das Beste aus den prächtigen Farben, Geschmäckern und Beschaffenheiten heraus. Auch frisches Obst, das im spanischen Klima in Fülle gedeiht, findet sowohl in süßen wie in salzigen Speisen freigiebige Verwendung. Orangen beispielsweise, die zudem noch eine hervorragende Quelle für Vitamin C darstellen, werden häufig mit Huhn und Fisch kombiniert und auch zu Süßspeisen verarbeitet *(Seite 104 und 152)*.

Für die Fleisch- und Geflügelrezepte wurden durchweg magere Stücke ausgewählt. Die ölhaltigen Meerestiere wie etwa Sardine, Makrele und Venusmuschel enthalten essentielle Omega-3-Fettsäuren, die als äußerst wichtig für die Gesundheit gelten.

Das Buch legt Betonung auf die in der spanischen Küche allgemein vorherrschenden, gesunden Zubereitungsmethoden – dämpfen, schmoren, grillen, backen und in einem Minimum an Öl braten. Weniger gesunde und in einigen klassischen Rezepten traditionell angewandte Techniken wurden durch gesündere Optionen ersetzt, die aber zu genauso schmackhaften Ergebnissen führen. Ein gutes Beispiel hierfür sind die üblicherweise frittierten Stockfischküchlein, die stattdessen einfach mit Öl bepinselt und gebacken werden *(Seite 32)*.

Frische Zutaten

Aus den Bergen, Ebenen und Meeren Spaniens kommen eine Fülle prächtiger, frischer Zutaten – saftige Früchte und knackiges Gemüse, frischer Fisch und Meeresfrüchte und qualitativ hochwertiges, sowohl gepökeltes als auch frisches Fleisch. In Spanien, einem Land in dem reiner Vegetarismus so gut wie unbekannt ist, ist gutes Fleisch sehr wichtig. Trotzdem ist Gemüse ein ebenso wesentlicher Bestandteil und viele Gerichte enthalten nur sehr wenig Fleisch – häufig wird lediglich eine kleine Chorizo-Wurst zu einem auf Gemüse basierenden Gericht hinzugefügt. Auch Fisch und Meeresfrüchte spielen eine wichtige Rolle, was auf die langen Küsten an Mittelmeer und Atlantik zurückzuführen ist, und werden häufig ganz allein gekocht oder auf offenem Feuer gegrillt. Garnieren ist wegen der fabelhaften Qualität der Zutaten fast überflüssig.

GEMÜSE Das warme Klima ist ideal, um pralle Tomaten, feurige Chilis, saftigsüße Paprikaschoten und glänzende Auberginen anzupflanzen – die der Küche wiederum jenen vitalen, typisch mediterranen Geschmack verleihen. Zwiebeln und Knoblauch stehen im Mittelpunkt der spanischen Küche, Kohl und zarter Spinat sind im ganzen Land beliebt. Kartoffeln sind Grundlage der klassischen Tapa *Patatas bravas (Seite 48)* und werden in Eintöpfen oder als Beilage serviert. Eine weitere Lieblingsknolle ist die weiße Speiserübe, die besonders in Galicien verbreitet ist. Wildpilze sind eine geschätzte Zutat und werden in Katalonien und dem Baskenland das ganze Jahr über gesammelt. Gemüse wird vielseitig zubereitet: als Tapas, wie *Tomates rellenos* (Gefüllte Tomaten, *Seite 47*) und *Pimientos fritos* (Sautierte Padrón-Peperoni, *Seite 44)*, mit Eiern oder mit Fleisch oder Fisch gekocht, um einige Beispiele zu nennen.

KRÄUTER Diese natürlichen Aromastoffe spielen in der spanischen Küche eine besonders wichtige Rolle. Robuste Kräuter wie Rosmarin, Thymian, Oregano und Lorbeerblätter würzen Fleisch und Bohneneintöpfe, während zart duftender Fenchel Meeresfrüchte verfeinert und Petersilie in vielen Gerichten ihren Platz hat.

SCHWEIN Schweinefleisch ist in Spanien besonders beliebt, nicht zuletzt wegen der religiösen Vergangenheit des Landes *(siehe Seite 6)*. Die wohl bekannteste würzige, mit Paprikapulver rot gefärbte Chorizo wird frittiert oder zu Eintöpfen hinzugefügt, während luftgetrocknete Wurst, hauchdünn geschnitten, mit Brot bereits eine köstliche Tapa ergibt. Spanien produziert einen der feinsten Schinken Europas und etwa ein Fünftel der Schweine werden für ebendiesen Zweck gezüchtet. Der nach den Bergen der Sierra benannte *Jamón Serrano*, oder Serrano-Schinken, ist einer der famosesten. Die süßen Schinken sind kostspielig und werden mit weniger Salz gepökelt als jene, die weiter südlich hergestellt werden. Serrano wird immer in hauchdünnen Scheiben serviert und hat eine etwas zähe Beschaffenheit. Auch frisches Schweinefleisch wird häufig verwendet: in Eintöpfen, gegrillt oder als Spieß, wie bei den pikant marinierten *Pinchos morunos (Seite 52)*.

RIND Die Spanier sind noch nie große Rindfleischesser gewesen und zogen es wohl vor, die Stiere für den Kampf aufzubewahren. Kalbfleisch ist dafür umso beliebter. Im Gegensatz zu anderen Teilen Europas gibt es in Spanien jedoch keine intensive Aufzucht von Kälbern. Das Fleisch wird oftmals gedünstet, gebraten oder gehackt und zu Fleischbällchen wie den *Albóndigas (Seite 22)* verarbeitet.

LAMM Dieses Fleisch wird traditionell in den Weideland- und Bergregionen verzehrt, während es anderenorts zu den klassischen Oster- und Hochzeitsköstlichkeiten gehört. Koteletts werden gegrillt, die Keulen gedünstet oder gebraten, während andere Teile in Eintöpfen landen, wie dem klassischen *Cochifrito (Seite 106)* mit Zitrone und Knoblauch.

WILDTIERE Wildhasen gibt es in ganz Spanien. Sie stellen die Grundlage vieler köstlicher Eintöpfe und geschmorter Gerichte dar, wobei jede Region eigene Spezialitäten hervorgebracht hat. Wildenten findet man bei Seen und Salztonebenen, Entenschießen ist ein verbreiteter Volkssport. Die Vögel werden gedünstet und oftmals mit Früchten wie Orangen und Birnen kombiniert. Es gibt buchstäblich Millionen kleiner Wachteln, die übers ganze Land fliegen – gebraten oder geschmort und mit Früchten wie Sultaninen oder Trauben kombiniert *(Seite 102)*, ergeben sie wundervolle Gerichte.

HUHN Huhn ist im ganzen Land sehr beliebt und es gibt zahlreiche regionale Gerichte, deren Aromen die jeweilige Gegend widerspiegeln. Hühnchen wird gebraten, gedünstet und geschmort, häufig mit Paprika, Orangen, Kichererbsen oder Reis kombiniert und mit Paprikapulver gewürzt. Je nach Region finden auch Sherry und Rotwein Anwendung.

FISCH Thunfisch wird bei Gibraltar nach der altertümlichen Tradition der *Alamadraba* gefischt, in der die Männer den großen Fisch auf offenem Meer fangen. Das Fleisch wird gegrillt, gedünstet oder geschmort und ist Teil des traditionellen Fisch-Kartoffel-Eintopfs *Marmita-kua (Seite 140)*. Makrelen werden lokal gefischt und einfach gekocht, geschmort oder in Essig eingelegt, wie im maurischen Gericht *Caballa en escabeche (Seite 130)*. Der Sardine, die es in allen Küstenregionen gibt, werden ganze Feste gewidmet und an der Küste Malagas markiert das *Moraga-Festival*, bei dem dieser Fisch auf Spießen über dem offenen Feuer am Strand gegrillt wird, den Beginn des Sommers.

GARNELEN Garnelen werden an beiden Küsten gefangen und die spanische Küche kennt verschiedene Arten. Winzige Shrimps und kleine Mittelmeergarnelen werden unter zahlreiche Gerichte gerührt oder frittiert, während die größeren pinkfarbenen Gambas in klassischen Tapas verwendet werden, wie den *Gambas al ajillo (Seite 20)* und *Gambas con romesco (Seite 36)*. Riesengarnelen oder Tiger Prawns schmecken einfach köstlich und passen ideal zu Salaten.

KREBSE Dieses Schalentier ist eine weitere Delikatesse der Küstenregionen, insbesondere des Nordens. Krebstiere, wie Langusten oder Krabben, werden häufig in der Schale gekocht und serviert, oder gebacken wie im klassisch baskischen Gericht *Txangurro al horno (siehe Seite 139)*. *Txangurro* ist das baskische Wort für Seespinne, die traditionell für dieses Gericht verwendet wird und über 2 kg wiegen kann.

JAKOBSMUSCHELN Die Jakobsmuschel ist das Wahrzeichen von Santiago de Compostela und in Galicien findet man saftig-süße und sowohl kleine als auch große Exemplare. Sie werden in Wein oder Tomatensauce gekocht, paniert, frittiert oder auch gegrillt, wie im sagenhaften Rezept *Vieiras de Vigo (Seite 136)*.

MIESMUSCHELN Miesmuscheln werden insbesondere in Galicien und Tarragona an Tauen gezüchtet. Ein Großteil wird zu Konserven verarbeitet, man verspeist sie aber auch frisch – paniert und mit Knoblauch gewürzt als Tapa, in Wein gedämpft oder im Fischeintopf, wie der klassischen *Zarzuela (Seite 142)*.

VENUSMUSCHELN Zarte, saftige Venusmuscheln findet man in unzähligen Gerichten, von einer einfachen Tapa, in Wein, Tomaten und Kräutern gekocht, bis zu herzhaften Pasta- und Reisgerichten, wie dem *Arroz con almejas y vegetales (Seite 126)*. Sie werden an beiden Küsten gesammelt und variieren stark in der Größe.

KALMAR UND OKTOPUS Kalmar wird oft sehr kurz gekocht, bis er gerade zart ist, im Teigmantel frittiert, in der Pfanne gebraten oder gegrillt wie im Rezept *Calamares a la parilla (Seite 34)*, aber auch gefüllt und langsam gegart, wie bei den *Calamares rellenos (Seite 134)*. Oktopus benötigt immer langes, langsames Garen und im einfachen Gericht *Pulpo a la Gallega (Seite 31)* schmeckt er einfach vorzüglich.

KÄSE Spanien produziert mehrere hundert Käsesorten. Kuh-, Ziegen und Schafsmilch wird zu unterschiedlich aromatisiertem (und geformtem) Käse verarbeitet. Der aus Schafsmilch hergestellte Manchego reift in mit Gras ausgekleideten 3 kg Trommeln heran, die der Rinde ihre typische Struktur verleihen. Er wird in unterschiedlichen Reifestufen angeboten: *semicurado* (13 Wochen), *curado* (6 Monate) und *viejo* (über 6 Monate). Der Geschmack wird mit dem Alter intensiver, wobei der *curado* große Ähnlichkeit mit dem italienischen Parmesan aufweist.

FRÜCHTE Im sonnigen Klima Spaniens gedeihen zahlreiche Obstsorten, von prallen Aprikosen und süßen Birnen über duftende Melonen und Trauben zu spritzigen Orangen und Zitronen. Selbst Tropenfrüchte, wie Kiwi oder Passionsfrucht, werden angebaut. Einfaches Obst ist als Dessert sehr geläufig, doch gibt es auch Kreationen wie in Wein gequellte Birnen *(Seite 146)* oder Blutorangen-Eis *(Seite 152)*.

Die spanische Vorratskammer

Die spanische Vorratskammer ist voller Zutaten, die mit frischen Produkten kombiniert den authentisch spanischen Geschmack entstehen lassen – ganz gleich ob es sich dabei um eine Paella *(Seite 114)*, dem Hühnereintopf mit Kichererbsen *Cocido (Seite 105)* oder einem einfachen Gericht aus mit Knoblauch sautierten Pilzen *(Seite 96)* handelt.

OLIVEN UND OLIVENÖL Seit Jahrtausenden in Spanien kultiviert, sind die Früchte des Olivenbaums eine der Freuden der spanischen Küche. Sie werden in Salzlake eingelegt (roh sind sie ungenießbar) oder gepresst, um das wertvolle, goldgrüne Öl zu extrahieren. Marinierte Oliven sind eine beliebte Tapa *(Seite 41)* und das Öl – mit den gesunden ungesättigten Fettsäuren – verwendet man zum Frittieren, Beträufeln oder in Dressings, was den Speisen ihren einzigartigen Geschmack verleiht.

GEWÜRZE Die spanischen Gewürze haben ihre Wurzeln in der maurischen Tradition. Der von den Mauren eingeführte Safran findet breite Verwendung – sowohl in der Paella und als auch in süßen Kuchen und Desserts. Das Gewürz wird in La Mancha angebaut und per Hand geerntet – daher der hohe Preis. Weitere ursprünglich maurische Gewürze sind Koriander, Kreuzkümmel und Paprikapulver oder *Pimentón.*

Letzteres wird wie Pfeffer verwendet und ist unterschiedlich scharf erhältlich: edelsüß *(dulce)*, rosenscharf *(picante)* und mittelscharf bzw. bittersüß *(agridulce)*. Auch Zimt und Muskat sind sehr beliebt und verfeinern insbesondere Süßspeisen.

REIS Für Reisplantagen bekannt ist Valencia, wo der Reis bereits vor Jahrhunderten von den Mauren kultiviert wurde. Er wird aber auch in Sevilla und Murcia angebaut. Der spanische Reis, wichtiger Bestandteil der landeseigenen Cuisine, ist kurz und grobkörnig und dem italienischen Risottoreis nicht unähnlich. Das Korn ist Grundlage der Paella *(Seite 114)* und zahlreicher anderer, beliebter Reisgerichte und wird auch in Füllungen, Ofengerichten und Eintöpfen verwendet.

PASTA Pasta ist in Spanien seit dem späten 18. Jahrhundert ein Grundnahrungsmittel und wird vor allem in Andalusien und Katalonien produziert. Sie wird in Suppen oder mit Saucen serviert, wie im katalanischen Gericht *Fideos a la Catalana (Seite 122)* mit Wurst und Tomatensauce .

HÜLSENFRÜCHTE Diese werden in herzhaften, rustikalen Gerichten gekocht. Kichererbsen, grüne Bohnen, Saubohnen und Linsen spielen in der spanischen Küche eine wichtige Rolle. Mit rauchig-würziger Chorizo kombiniert lassen sich köstliche Tapas daraus zaubern.

TROCKEN- UND DOSENFISCH Haltbarer Fisch ist ein Haupterzeugnis Spaniens. Der wohl augenfälligste haltbare Fisch ist der *Bacalao*, salzgetrockneter Kabeljau oder auch Stockfisch. Trotz des üppigen Angebots an frischem Meeresfisch, ist der *Bacalao* der tagtäglich meist verspeiste Fisch – in Eintöpfen, zu Fischkuchen verarbeitet *(Seite 32)* oder als Salat serviert *(Seite 64)*. Die harten, tafelartigen Fischstücke müssen mindestens 24 Stunden im Wasserbad quellen, damit sie aufweichen und das Salz herausgewaschen wird. Gekocht und zubereitet ist dieser Fisch wahrhaftig einer der Leckerbissen des spanischen Speiseplans. Zum Dosenfisch gehört auch der Thunfisch, der in Gerichten wie gefüllten Teigtaschen *(Empanadillas, Seite 26)* oder in gefüllten Eiern *(Huevos rellenos, Seite 37)* als Tapa serviert wird. Anchovis (oder Sardellen), die in der Saison auch frisch verspeist werden, sind eine sehr beliebte Tapa. Meist werden sie gesalzen und in Öl eingelegt, doch gibt es sie auch in Salzlake oder geräuchert.

Ausrüstung

Die traditionelle Küche Spaniens ist über Jahrhunderte hinweg fast unverändert geblieben und um ihre fabelhaften kulinarischen Ergebnisse zu erzielen, bedarf es lediglich der gängigen Kochutensilien. Selbstverständlich wurden viele zeitsparende Geräte der modernen Küche übernommen, doch die Grundelemente sind alles, was Sie brauchen. Traditionell werden viele Gerichte über einem offenen Holz- oder Holzkohlenfeuer zubereitet, doch kann man mit einem gewöhnlichen Küchenherd dieselben Ergebnisse erzielen. Der spanische Holzfeuerherd besteht aus Backsteinsockeln mit einer Metallplatte auf Arbeitshöhe und Mulden für die Töpfe. Ein weiterer Klassiker ist die *Caldereta*, ein großer, dreibeiniger Metalltopf, den man direkt über dem Feuer aufstellen kann.

Im Folgenden werden die geläufigsten Küchengeräte beschrieben (mit einigen Tipps, wodurch sich diese ersetzen lassen). Erhältlich sind sie im Fachhandel für Kochutensilien, im Versandfachhandel oder in Online-Shops.

PAELLERA Die klassische Pfanne um Paella zu kochen. Rund und flach, mit zwei Griffen und fein geriffeltem Boden, gibt es die *Paellera* in unterschiedlichen Größen, von winzigen bis zu so großen, dass sie für große Feste reichen. Für 4 Personen reicht eine mittelgroße mit 26–28 cm Durchmesser aus. Die richtige Größe ist für die gleichmäßige Verteilung der Hitze wichtig. Alternativ können Sie eine flache, feuerfeste Kasserolle, eine Bratpfanne oder eine Sautépfanne verwenden, sofern sie über einen schweren Boden verfügen.

PUCHERO Viele klassische Eintöpfe verdanken diesem großen Kochtopf ihren Namen. Je nach Region kann der *Puchero* ein runder, breitwandiger Tonbehälter sein oder aus Metall bestehen. Diese Töpfe sind herrlich langlebig und der schwere Boden garantiert ein langsames, gleichmäßiges Garen. Ersatzweise können Sie eine große, feuerfeste Kasserolle mit schwerem Boden und passendem Deckel, oder eine gute, schwere Bratpfanne verwenden.

CAZUELAS Diese klassischen Tonschalen mit glasierter Innenseite reichen von kleinen für eine Person bis zu riesigen für mehrere Personen. Cazuelas sind meist rund, manchmal auch oval und können direkt vom Ofen auf den Tisch. Man kann sie vielseitig einsetzen, für Tapas oder große Aufläufe. Um Sprüngen in der Keramik vorzubeugen, kann man die Cazuela zur Hälfte mit Wasser und etwas Essig füllen und die Flüssigkeit durch Kochen vollständig verdampfen lassen. Wenn Sie auf dem offenen Herd arbeiten, sollten Sie unbedingt einen Hitzeverteiler benutzen, um ein Zerspringen der Form zu verhindern.

FEUERFESTE KASSEROLLE Diese ist ein Schlüsselelement zum Schmoren und Dünsten. Die Kasserolle sollte über einen schweren Boden und einen engaufliegenden Deckel verfügen, damit die Flüssigkeit nicht verdampft. Kasserollen sind aus rostfreiem Stahl oder als schwere Tonware erhältlich.

BRATPFANNE MIT ANTIHAFTBESCHICHTUNG Diese Pfannen sind praktisch, da man beim Braten wenig Öl benötigt. Schaffen Sie sich eine qualitativ hochwertige Pfanne an, da sie garantiert viel länger hält als eine billige Variante.

GRILLPFANNE MIT SCHWEREM BODEN Die Grillpfanne ist ideal, um Fleisch, Fisch und auch Schalentiere ohne viel zusätzliches Öl zu braten und mit ihr erzielt man einen köstlichen Röstgeschmack. Ein tolles Modell ist die gusseiserne Pfanne mit geriffeltem Boden.

KÜCHENMESSER Ein großes Küchenmesser guter Qualität ist unentbehrlich, um alle möglichen Zutaten vorzubereiten. Ein Schälmesser eignet sich für kleinere Zutaten und ein kleines, gezacktes Messer, um Tomaten und Obst zu schneiden.

MÖRSER UND STÖSSEL Um Aioli oder Tomatenpaste nach traditionell spanischer Art zuzubereiten, können Sie, statt einer Küchenmaschine, Mörser und Stößel benutzen. Sie sind auch praktisch, um kleine Mengen anderer Zutaten zu verarbeiten.

Meeresfrüchte vorbereiten

Da spanische Gerichte mit Fisch und Meeresfrüchten frischer Zutaten bedürfen, sollten Sie wissen, wie man diese für das Kochen vorbereitet. In einigen Fällen, wie bei Oktopus, Kalmar und Jakobsmuschel, können Sie natürlich auch Ihren Fischhändler darum bitten diese Aufgabe für Sie zu übernehmen.

MIES- UND VENUSMUSCHELN Schäuern Sie die Muscheln sorgfältig ab, lesen Sie solche aus, deren Schalen beschädigt sind oder die sich nicht schließen, wenn man feste darauf klopft. Entfernen Sie ggf. an den Muscheln haftende Bärte. Geben Sie die Muscheln für 30 Minuten in eine große Schüssel mit kaltem Wasser. Große Arten, wie die Schwertmuschel *(Seite 127)*, benötigen ein einstündiges Wasserbad. Anschließend abgießen und den Rezeptanweisungen folgen.

OKTOPUS Zwischen Kopf und Tentakeln des Oktopus genau unter den Augen einschneiden. Den Schnabel durch die Tentakeln hindurch aus dem Kopf herausdrücken und wegwerfen. Die Augen herausschneiden und wegwerfen. Den Kopfteil vorsichtig auf einer Seite aufschneiden, dabei darauf achten, dass der Tintensack nicht beschädigt wird, und den Darm herauskratzen. Gründlich mit kaltem Wasser abspülen, mit Küchenpapier trocken tupfen und den weiteren Rezeptangaben folgen.

GARNELEN Zum Schälen Kopf und Beine abtrennen, dann vorsichtig die Schale von Körper und Schwanz lösen. Um den Darm zu entfernen, einen flachen Einschnitt entlang der Rückenmitte vornehmen, den Darmtrakt entfernen.

SARDINEN Dieser Fisch sollte vor dem Kochen entschuppt und ausgenommen werden. Das Ausnehmen ist kinderleicht: einfach am Kopf fast bis auf die Rückengräte einschneiden, dann gleichzeitig drehen und daran ziehen. Die Innereien kommen von allein mit dem Kopf heraus.

JAKOBSMUSCHELN Um die Muscheln aus den Schalen zu nehmen, mit einem Küchentuch festhalten, ein stabiles, kurzes Messer zwischen die beiden Schalen stechen und fest drehen, um sie aufzubrechen. Entfernen Sie die gräuliche Umrandung und heben Sie das weiße Fleisch und den orangeroten Rogen (Corail) auf. Sofern sie sichtbar sind, sollten auch die schwarzen Innereien entfernt werden.

KALMAR Kopf und Tentakeln vom Körper abziehen – die Innereien kommen automatisch mit dem Kopf heraus. Entfernen Sie die an beiden Körperseiten haftenden Flossen. Die gesprenkelte Haut vom Körper abziehen und wegwerfen. Häuten Sie auch die Flossen, wenn diese mit ins Gericht hineingehören. Schneiden Sie die Tentakeln als ganzes Stück vom Kopf ab, werfen Sie Kopf und Innereien weg (den Tintensack aufheben, wenn er mitverwendet werden soll). Den Schnabel zwischen den Tentakeln herausdrücken und ebenso wie den durchsichtigen Knochen wegwerfen. Körper, Flossen und Tentakeln gründlich mit kaltem Wasser abspülen, mit Küchenpapier trocken tupfen und den Rezeptanweisungen folgen.

Menü-Ideen

Ursprünglich waren Tapas eine Begebenheit für sich, doch inzwischen passen sie ideal zur modernen Lebensweise und zu unserer zwanglosen Haltung gegenüber den Mahlzeiten. Servieren Sie Tapas als leichten Brunch, als Abendessen oder ersten Gang. Sie eignen sich auch als Happen für eine Cocktailparty oder als Buffet für eine größere Runde. Traditioneller ist es ein richtiges Mittag- oder Abendessen zu kochen. Besonders schnell und einfach geht das mit einem Alles-in-Einem-Gericht, das zudem noch lecker und sättigend ist. Dazu kann man ein wenig Brot oder eine Suppe als Vorspeise reichen. Und es gibt viele Hauptgänge mit Fleisch, Meeresfrüchten oder Gemüse, die sich großartig mit den verschiedensten Beilagen und Salaten kombinieren lassen. Jede dieser Optionen lässt sich mit einem zuvor gezauberten Dessert wundervoll abrunden.

FAMILIENMENÜ I: MITTAGESSEN FÜR 4

Spinatfladenbrot mit Tomaten und Pinienkernen *(Seite 98)*

Auberginеneintopf mit gemischtem Gemüse *(Seite 95)*

FAMILIENMENÜ II: MITTAGESSEN FÜR 4

Hühnersuppe mit Zitrone und Minze *(Seite 59)*

Eier mit Chorizo, Schinken und Spargel *(Seite 118)*

FAMILIENMENÜ III: ABENDESSEN FÜR 4

Kichererbsen mit Chorizo *(Seite 38)*

Traditioneller Fisch-Kartoffel-Eintopf *(Seite 140)*

Grüne Bohnen nach spanischer Art *(Seite 81)*

Blutorangen-Eis *(Seite 152)*

FAMILIENMENÜ IV: ABENDESSEN FÜR 4

Salat nach andalusischer Art *(Seite 70)*

Nudeln nach katalanischer Art *(Seite 122)*

Spinat nach katalanischer Art *(Seite 86)*

Zimt-Eiscreme *(Seite 150)*

SONNTAGS-MITTAGESSEN FÜR 4–6

Andalusischer Gazpacho *(Seite 62)*

Gefülltes Brathähnchen *(Seite 108)*

Frühlingsgemüse-Eintopf *(Seite 82)*

Pfirsiche in Weinsauce *(Seite 146)*

SOMMERMAHLZEIT IM FREIEN FÜR 6–8

Garnelen mit Knoblauch *(Seite 20)*

Gebackene Stockfischküchlein *(Seite 32)*

Runzelkartoffeln *(Seite 40)*

Salat nach andalusischer Art *(Seite 70)*

Grüner Salat mit Pfirsich *(Seite 69)*

Kalte Mandel-Trauben-Suppe *(Seite 56)*

Saubohnen mit Schinken *(Seite 84)*

Mandel-Zitronen-Kuchen *(Seite 149)*

GROSSE INFORMELLE RUNDE FÜR 8–10

Gefüllte Tomaten *(Seite 47)*

Teigtaschen mit Thunfischfüllung *(Seite 26)*

Champignons mit Knoblauch *(Seite 30)*

Kartoffeln mit Tomaten *(Seite 48)*

Anchovis mit gegrillter roter Paprika *(Seite 42)*

Pikante Fleischspieße *(Seite 52)*

Oliven-Reis-Salat *(Seite 66)*

Mandel-Zitronen-Kuchen *(Seite 149)*

Gefüllte Feigen *(Seite 148)*

Perlende Pfirsich Sangría *(Seite 156)*

DINNER PARTY FÜR 4

Kalte Mandel-Trauben-Suppe *(Seite 56)*

Gemüsereis mit Venusmuscheln *(Seite 126)*

Salat mit gegrillter roter Paprika *(Seite 68)*

Spanische Cremespeise *(Seite 154)*

Hausgemachte Brühe

Die hausgemachte, spanische Brühe unterscheidet sich nicht wesentlich von anderen Brühen der mediterranen Küche. Eine gute Brühe verlangt nach guten Zutaten. Das Gemüse sollte gründlich abgeschrubbt werden. Karkassen vom Fisch gut abspülen, um Blutreste zu entfernen, die vom Huhn von überschüssigem Fett befreien. Beim Zubereiten von Brühen ist die Kochzeit ausschlaggebend. Eine zu lang gekochte Gemüsebrühe wird flau und fad schmecken, während eine Fischbrühe bitter wird. Das Gegenteil gilt für Fleischbrühe, die durch längeres Kochen intensiver im Geschmack wird. Sobald sie abgekühlt ist, kann die Brühe für eine spätere Verwendung tiefgekühlt werden. Besonders praktisch ist es, die Brühe im Eiswürfelbehälter einzufrieren, da man so stets die jeweils benötigte Menge zur Hand hat.

Gemüsebrühe

ZUTATEN *2 Zwiebeln, fein gehackt ‖ 2 Stangen Porree, gestutzt, gesäubert und fein gehackt ‖ 8 Stangen Staudensellerie, fein gehackt ‖ 1 Fenchelknolle, gestutzt und fein gehackt ‖ 2 große Karotten, fein gehackt ‖ 2 Lorbeerblätter ‖ 2 Thymianzweige ‖ 2 Zweige glatte Petersilie ‖ 1 Rosmarinzweig ‖ 1/2 Knoblauchknolle, horizontal durchgeschnitten ‖ 1 TL schwarze Pfefferkörner ‖ 3 l kaltes Wasser*

EINS Alle Zutaten in einen Topf mit schwerem Boden geben und mit dem Wasser auffüllen. Zum Kochen bringen, anschließend auf kleiner Flamme 45 Minuten unbedeckt köcheln lassen. ZWEI Zunächst etwas abkühlen lassen, dann durch ein feines Sieb abseihen. Vollständig auskühlen lassen und, in einem luftdichten Behälter, höchstens 1 Woche im Kühlschrank aufbewahren. Tiefgekühlt ist die Brühe bis zu 1 Monat haltbar.

Ergibt ca. 2 l

Hühnerbrühe

ZUTATEN *2 Hühner-Karkassen, insgesamt ca. 2 kg ‖ 1,5 l kaltes Wasser ‖ 1 Zwiebel, geviertelt ‖ 1 weiße Rübe, grob gehackt ‖ 1 große Karotte, gedrittelt ‖ ein kleiner Bund frische Kräuter, z.B. Lorbeerblätter, Rosmarin, Thymian und Petersilie ‖ 1 TL schwarze Pfefferkörner*

EINS Die Karkassen in einen Topf mit schwerem Boden geben, mit dem Wasser auffüllen und zum Kochen bringen. Das Gemüse mit den Kräutern und Pfefferkörnern hinzufügen und auf niedriger Flamme 2 1/2 Std. köcheln lassen. ZWEI Vollständig auskühlen lassen, abseihen, dann in einen luftdichten Behälter füllen und im Kühlschrank 2 Tage oder tiefgekühlt bis zu 1 Monat aufbewahren. Auf der Oberfläche schwimmendes Fett vor der Verwendung abschöpfen.

Ergibt ca. 1 l

Fischbrühe

ZUTATEN *1 Zwiebel, fein gehackt ‖ 1 Stange Porree, gestutzt, gesäubert und fein gehackt ‖ 4 Stangen Staudensellerie, fein gehackt ‖ 1 kg sehr frische Fisch-Karkassen, abgespült und in große Stücke geschnitten ‖ 2 Lorbeerblätter ‖ 2 Dillzweige ‖ ein paar Kerbelzweige ‖ 1 TL weiße Pfefferkörner ‖ 1/2 Flasche (375 ml) trockener Weißwein ‖ 1,5 l kaltes Wasser ‖ Eiswürfel*

EINS Die Hälfte des Gemüses in einen breiten Topf mit schwerem Boden füllen und die Karkassen darauf verteilen. Mit dem restlichen Gemüse, Kräutern und Pfefferkörnern bedecken. Den Wein und das Wasser einfüllen und zum Kochen bringen. Anschließend auf kleiner Flamme 30 min. unbedeckt köcheln lassen, dabei häufig den auf der Oberfläche entstehenden Schaum vollständig abschöpfen. ZWEI Durch ein feines Sieb seihen und, über einer mit Eis gefüllten Schüssel, rasch abkühlen lassen. In einem luftdichten Behälter im Kühlschrank bis zu 1 Woche aufbewahren, oder tiefgekühlt bis zu 1 Monat.

Ergibt ca. 1 l

Tapas

Garnelen mit Knoblauch *Gambas al ajillo*

Der Renner in den Tapa-Bars ganz Spaniens. In den Städten und Dörfern entlang der Küste wird manchmal Krabbenfleisch statt der Garnelen verwendet. Diese köstliche Tapa mit knusprigem Brot zum Aufsaugen der Sauce servieren.

ZUTATEN ***250 g kleine rohe Garnelen (Shrimps)*** ‖ ***3 TL Olivenöl*** ‖ ***2 Knoblauchzehen, in feinen Scheiben*** ‖ ***2–3 kleine getrocknete rote Chilis, zerkrümelt*** ‖ ***Salz***

EINS Die Garnelen schälen, Schwanzstücke ganz lassen und ausnehmen *(Seite 14)*. Mit Küchenpapier trocken tupfen. ZWEI Das Öl in einer mittelgroßen *Cazuela (nutzen Sie unbedingt einen Hitzeverteiler, Seite 13)* oder in einer flachen feuerfesten Kasserolle erhitzen. Knoblauch, Chilis und Garnelen hineingeben und auf mittlerer Flamme unter Rühren 2–3 Min. braten, bis die Garnelen pinkfarben und gar sind. DREI Von der Hitze nehmen und sofort in der Cazuela oder Kasserolle servieren.

Ergibt 4 Portionen

NÄHRWERTE JE PORTION 442 kJ – 107 kcal – 6 g Protein – 1 g Kohlenhydrate – 0 g Zucker – 9 g Fett – 1 g gesättigte Fettsäuren – 0 g Ballaststoffe – 60 mg Natrium

GESUNDHEITSTIPP Garnelen sind fettarm und Olivenöl ist reich an gesundheitsfördernden einfach ungesättigten Fettsäuren, vor allem der Ölsäure. Knoblauch stärkt das Immunsystem und beugt der Entstehung von Blutgerinnseln vor.

Pikante Hackfleischbällchen *Albóndigas* Diese aromatischen Fleischbällchen maurischen Ursprungs werden in einer mit Paprikapulver gewürzten Tomatensauce serviert und sind ein beliebtes Standardgericht der Tapa-Bars. Abwandeln kann man das Rezept, indem man die Hälfte des Schweinehacks durch gehacktes Kalbfleisch ersetzt.

ZUTATEN *300 g Hackfleisch vom Schwein ‖ 3 Knoblauchzehen, zerdrückt ‖ 50 g Paniermehl ‖ 1 TL gem. Kreuzkümmel ‖ 1 TL gem. Koriander ‖ 1 TL gem. Muskat ‖ 1 TL gem. Zimt ‖ 2 EL Olivenöl ‖ Salz und frisch gemahlener schwarzer Pfeffer*

SAUCE *1 EL Olivenöl ‖ 1 kleine Zwiebel, fein gehackt ‖ 1 Knoblauchzehe, zerdrückt ‖ 400 g Tomatenstücke aus der Dose ‖ 1 TL normaler oder Sandzucker ‖ 1 TL Paprikapulver (edelsüß) ‖ 100 g frische oder tiefgekühlte Erbsen*

EINS Hackfleisch, Knoblauch, Paniermehl, Gewürze, Salz und Pfeffer in eine Schüssel füllen und mit den Fingern vermischen, bis alle Zutaten gut verbunden sind. Bedeckt 1 Std. kalt stellen, damit sich die Aromen entfalten können. ZWEI In der Zwischenzeit die Sauce zubereiten. Das Öl in einer großen Pfanne erhitzen, Zwiebel und Knoblauch unter häufigem Rühren 5–6 Min. auf mittlerer Flamme braten. Tomaten inkl. Saft, Zucker und Paprikapulver unterrühren und aufkochen. Die Hitze reduzieren und bedeckt 25–30 Min. sanft köcheln lassen, dabei gelegentlich umrühren. Die Erbsen hinzufügen, mit Salz und Pfeffer abschmecken und weitere 2–3 Min. kochen. DREI Die Hackfleischmischung zu walnussgroßen Bällchen formen. Die Hälfte des Öls in einer beschichteten Pfanne erhitzen, die Hälfte der Fleischbällchen hineingeben und auf mittlerer Flamme 2–3 Minuten braten, bis sie rundherum gebräunt sind. Mit einem Schaumlöffel herausnehmen und auf Küchenpapier abtropfen lassen. Mit dem restlichen Öl und den Fleischbällchen genauso verfahren. VIER Die Fleischbällchen in die Sauce geben, rühren bis sie gleichmäßig damit bedeckt sind und auf mittlerer Flamme 5–6 Min. kochen. Heiß servieren.

Ergibt 30 Stück

NÄHRWERTE JE PORTION 1122 kJ – 266 kcal – 20 g Protein – 15 g Kohlenhydrate – 6 g Zucker – 15 g Fett – 3 g gesättigte Fettsäuren – 3 g Ballaststoffe – 164 mg Natrium

GESUNDHEITSTIPP Sollten Sie Tiefkühl-Erbsen verwenden, so bieten sich kleinere Varianten wie „petit pois“ an, da sie mehr Ballaststoffe enthalten. Tiefkühl-Erbsen haben in der Regel einen höheren Vitamingehalt als frische, da sie direkt nach der Ernte eingefroren werden.

Venusmuscheln mit Tomaten *Almejas a la marinera*

Manzanilla Sherry ist trocken, hell und fein-aromatisch. Bei diesem wundervollen Gericht aus in frischen Tomaten und Petersilie gekochten Muscheln hebt er den vollen Geschmack des Meeres hervor. Mit knusprigem Brot zum Aufsaugen der Sauce servieren.

ZUTATEN *2 EL Olivenöl ‖ 3 Knoblauchzehen, fein gehackt ‖ 2 reife Tomaten, fein gehackt ‖ 1 kg frische Venusmuscheln, vorbereitet* (Seite 14) *‖ 125 ml Manzanilla Sherry ‖ 4 EL fein gehackte glatte Petersilie ‖ Salz und frisch gemahlener schwarzer Pfeffer*

EINS Das Öl in einer großen Pfanne erhitzen, Knoblauch und Tomaten unter Rühren 3–4 Min. anbraten. ZWEI Die abgetropften Muscheln mit dem Sherry und der Petersilie in die Pfanne geben. Mit Salz und Pfeffer abschmecken, gut zudecken und auf großer Flamme 5–6 Min. kochen, dabei die Pfanne mehrmals kräftig schütteln, bis sich alle Venusmuscheln geöffnet haben (geschlossene wegwerfen). DREI Die Venusmuscheln sofort in der Kochflüssigkeit servieren oder auf Raumtemperatur abkühlen lassen.

Ergibt 4 Portionen

NÄHRWERTE JE PORTION 660 kJ – 160 kcal – 11 g Protein – 5 g Kohlenhydrate – 3 g Zucker – 7 g Fett – 1 g gesättigte Fettsäuren – 1 g Ballaststoffe – 57 mg Natrium

GESUNDHEITSTIPP Venusmuscheln enthalten nur sehr wenig Fett, das zudem größtenteils aus Omega-3-Fettsäuren besteht, die helfen können Herzerkrankungen vorzubeugen.

Teigtaschen mit Thunfischfüllung *Empanadillas de bonito*

Diese kleinen, in Spanien sehr beliebten Teig-Tapas werden normalerweise im Fettbad frittiert. Um den Fettgehalt zu reduzieren, werden sie in diesem Rezept stattdessen gebacken. Die Füllung lässt sich beliebig abwandeln, z.B. mit Fisch oder Gemüse.

ZUTATEN *1 EL Olivenöl ‖ 2 EL sehr fein gehackte Zwiebel ‖ 75 g frischer Thunfisch, gekocht und zerkleinert oder Thunfisch aus der Dose ‖ 2 EL fein gehackte, abgetropfte Paprika aus dem Glas ‖ 2 EL fein gehackte Tomate ‖ 1 EL fein gehackte glatte Petersilie ‖ 2 EL fein gehacktes, hart gekochtes Ei ‖ 2 EL Bio-Tomatenketchup ‖ 250 g fertiger Mürbeteig, ggf. auftauen ‖ Mehl zum Bestäuben ‖ verquirltes Ei zum Glasieren ‖ Salz und frisch gemahlener schwarzer Pfeffer*

EINS Für die Füllung das Öl in einer großen beschichteten Pfanne erhitzen. Die Zwiebel darin auf kleiner Flamme unter gelegentlichem Rühren 12–15 Min. weich und golden braten. Thunfisch, Paprika, Tomate und Petersilie hinzufügen und auf mittlerer Flamme unter häufigem Rühren 5 Min. köcheln. ZWEI Die Pfanne vom Herd nehmen, Ei und Ketchup unterrühren. Mit Salz und Pfeffer abschmecken und etwas abkühlen lassen. DREI Den Teig auf einer leicht bemehlten Arbeitsfläche dünn ausrollen. Mit einer runden Ausstechform (Ø 7 cm) 20 Kreise ausstechen, die Ränder wiederverwenden. 2 Backbleche mit Backpapier auslegen und je 10 Teigkreise darauf verteilen. VIER Je einen gehäuften TL der Füllung in die Mitte der Teigkreise geben und zuklappen. Die Ränder mit einer Gabel oder den Fingern fest verschließen. Mit dem verquirlten Ei glasieren und im vorgeheizten Ofen (190 °C, Gas Stufe 5) 12–15 Min. goldbraun und knusprig backen. Warm oder bei Zimmertemperatur servieren.

Ergibt 20 Stück

NÄHRWERTE JE PORTION 318 kJ – 76 kcal – 2 g Protein – 7 g Kohlenhydrate – 1 g Zucker – 4 g Fett – 1 g gesättigte Fettsäuren – 1 g Ballaststoffe – 100 mg Natrium

GESUNDHEITSTIPP Nutzen Sie bevorzugt Thunfisch im eigenen Saft, den Sie aber abgießen sollten. Alternativ kann man auch in Öl eingelegten Thunfisch verwenden, wobei das Öl zum Anbraten der Zwiebel genutzt werden kann.

Gegrillte Seeteufel-Kapern-Spieße *Banderillas en rape y alcaparra*

Gegrillte Fischspieße wie diese findet man in vielen Tapa-Bars der spanischen Küstenregionen. Der Seeteufel kann nach Wunsch durch einen anderen robusten Fisch ersetzt werden, wie etwa frischen Thunfisch, Schwertfisch oder Heilbutt.

ZUTATEN *400 g Seeteufelfilet, gehäutet* ‖ *fein geriebene Schale einer Zitrone* ‖ *Saft einer halben Zitrone* ‖ *1 EL Olivenöl, zzgl. etwas zum Einölen* ‖ *16 große Kapernäpfel* ‖ *8 grüne Oliven mit Paprikafüllung* ‖ *Salz und frisch gemahlener schwarzer Pfeffer*

EINS Den Fisch in 24 gleich große Stücke schneiden und in eine Schüssel geben. Zitronenschale und -saft mit dem Öl in einer kleinen Schüssel oder einem Becher mischen. Über den Fisch gießen und mit Salz und Pfeffer würzen. Mit Frischhaltefolie abdecken und bei Zimmertemperatur 10 Min. ziehen lassen. ZWEI 8 Bambusspieße (zuvor 30 Min. im kalten Wasserbad einweichen) oder 8 Metallspieße bereitstellen. Je 3 Stücke Fisch, 2 Kapernäpfel und 1 Olive abwechselnd aufspießen. DREI Die Spieße auf einem leicht geölten Grillrost aneinander reihen und unter den vorgeheizten Grill schieben. Je Seite 3–4 Min. grillen, bis der Fisch gar ist. Sofort servieren.

Ergibt 4 Portionen

NÄHRWERTE JE PORTION 570 kJ – 133 kcal – 16 g Protein – 1 g Kohlenhydrate – 0 g Zucker – 7 g Fett – 1 g gesättigte Fettsäuren – 1 g Ballaststoffe – 975 mg Natrium

GESUNDHEITSTIPP In Salzlake eingelegte Kapernäpfel und Oliven enthalten sehr viel Salz. Reduzieren Sie den Natriumgehalt indem Sie die Zutaten gut abspülen und abtropfen lassen.

Champignons mit Knoblauch *Champiñones al ajillo*

Diese klassische Komposition aus in Knoblauch gedünsteten Champignons wird durch Zugabe von Sherry noch raffinierter. Servieren Sie die Pilze heiß mit Reis oder Brot oder auf Zimmertemperatur abgekühlt, als marinierten Salat.

ZUTATEN *3 EL Olivenöl* ‖ *250 g große Pilze, z.B. Wiesen- oder Zuchtchampignons, halbiert bzw. sehr große geviertelt* ‖ *6 Knoblauchzehen, fein gehackt* ‖ *4 EL Sherry Fino* ‖ *2 EL Zitronensaft* ‖ *1 TL rote Chiliflocken* ‖ *eine kleine Handvoll grob gehackter glatter Petersilie* ‖ *Salz*

EINS Das Öl in einer großen beschichteten Pfanne auf großer Flamme erhitzen, die Pilze hineingeben und ständig rühren. Knoblauch, Sherry, Zitronensaft und Chiliflocken unterrühren und mit Salz abschmecken. Unter häufigem Rühren 5–6 Min. kochen. ZWEI Vom Herd nehmen und mit der gehackten Petersilie bestreuen. Sofort servieren.

Ergibt 4 Portionen

NÄHRWERTE JE PORTION 436 kJ – 105 kcal – 2 g Protein – 1 g Kohlenhydrate – 1 g Zucker – 9 g Fett – 1 g gesättigte Fettsäuren – 2 g Ballaststoffe – 13 mg Natrium

GESUNDHEITSTIPP Sowohl Knoblauch als auch Zwiebeln spielen beim Vorbeugen von Blutgerinnseln eine wichtige Rolle und somit auch beim Schutz gegen koronare Herzerkrankungen.

Oktopus nach galicischer Art *Pulpo a la Gallega*

Wenn Sie den Oktopus nicht selber ausnehmen möchten, dann bitten Sie einfach Ihren Fischhändler darum, es für Sie zu tun. Diese unwiderstehlich köstliche Tapa ist in ganz Galicien eine der beliebtesten Spezialitäten.

ZUTATEN ***500 g Baby-Oktopus, vorbereitet** (Seite 14)* ‖ ***12 schwarze Pfefferkörner*** ‖ ***2 Lorbeerblätter*** ‖ ***Olivenöl zum Beträufeln*** ‖ ***Paprikapulver (edelsüß) zum Bestäuben*** ‖ ***Salz*** ‖ ***große Zitronenspalten zum Servieren***

EINS In einem großen Topf Wasser auf großer Flamme zum Kochen bringen. Den Oktopus mit den Pfefferkörnern und Lorbeerblättern hineingeben und salzen. Nochmals aufkochen, dann die Hitze reduzieren und unbedeckt 2 Std. köcheln lassen, bis der Oktopus zart ist, ggf. Wasser nachfüllen. ZWEI Den Oktopus aus dem Wasser nehmen, gut abtropfen und 10–12 Min. abkühlen lassen. Mit einem scharfen Messer die Tentakeln in 1 cm dicke Scheiben und den Kopf in kleine, mundgerechte Stücke schneiden. DREI Den Oktopus auf einem Holzbrett anrichten, mit ein wenig Öl beträufeln und mit Paprikapulver bestäuben. Mit Zitronenspalten servieren.

Ergibt 4 Portionen

NÄHRWERTE JE PORTION 458 kJ – 110 kcal – 17 g Protein – 0 g Kohlenhydrate – 0 g Zucker – 4 g Fett – 0 g gesättigte Fettsäuren – 0 g Ballaststoffe – 5 mg Natrium

GESUNDHEITSTIPP Der überaus fettarme Oktopus enthält das Spurenelement Selen. Selen ist Bestandteil von Selenoproteinen, die wiederum an der Katalyse von Schilddrüsenhormonen beteiligt sind.

Gebackene Stockfischküchlein *Buñuelos de bacalao* Üblicherweise im Fettbad frittiert, beschreibt dieses Rezept eine gesündere Variante, in der diese Leckerbissen im Ofen gebacken werden. Stockfisch wurde von baskischen Fischern eingeführt und ist heute ein Nationalgericht Spaniens. Nach Belieben mit frischer Tomatensauce oder fettarmer Mayonnaise servieren.

ZUTATEN *300 g Stockfisch (salzgetrockneter Kabeljau) ‖ 300 g Kartoffelbrei ‖ 4 Frühlingszwiebeln, sehr fein gehackt ‖ 2 Knoblauchzehen, zerdrückt ‖ 50 g Mehl ‖ 1 Msp. Backpulver ‖ 1 Ei, leicht verquirlt ‖ 4 EL fein gehackte glatte Petersilie ‖ Olivenöl zum Bepinseln ‖ frisch gemahlener schwarzer Pfeffer ‖ Zitronenspalten zum Garnieren*

EINS Den Stockfisch 8–10 Std., am besten über Nacht, in einer Schüssel kaltem Wasser einweichen, das Wasser 3–4 Mal austauschen, um das überschüssige Salz zu entfernen. Abgießen, in einen großen Topf geben, mit frischem kalten Wasser auffüllen und zum Kochen bringen. Die Hitze reduzieren und auf kleinster Flamme unbedeckt 30–40 Min. sanft köcheln lassen, bis der Fisch zart ist. ZWEI Den Fisch abtropfen lassen, Haut und Gräten entfernen, das Fleisch zerteilen und in eine Schüssel geben. Kartoffelbrei, Frühlingszwiebeln, Knoblauch, Ei und Petersilie dazugeben und mit den Fingern vermengen, bis alles gut verbunden sind. Abdecken und 3–4 Std. kalt stellen, damit sich die Aromen entfalten können. DREI 1–2 Backbleche mit Backpapier auslegen. Die Fischmischung zu kleinen, mundgerechten Bällchen oder Küchlein formen und auf den Blechen verteilen. Anschließend mit ein wenig Öl bepinseln. VIER Im vorgeheizten Ofen (180 °C, Gas Stufe 4) 15–20 Min. hellbraun backen. Ofenwarm mit Zitronenspalten garniert servieren.

Ergibt ca. 30 Stück

NÄHRWERTE JE PORTION 1130 kJ – 267 kcal – 29 g Protein – 22 g Kohlenhydrate – 1 g Zucker – 8 g Fett – 3 g gesättigte Fettsäuren – 2 g Ballaststoffe – 398 mg Natrium

GESUNDHEITSTIPP Durch gründliches Abspülen des Stockfischs kann der Salzgehalt dieses Gerichts beträchtlich reduziert werden. Stockfisch ist fettarm und frische Tomatensauce enthält weniger Fett als fettreduzierte Mayonnaise.

Gegrillte Kalmare *Calamares a la parilla*

A la parilla bezeichnet die Methode, auf dem Grill oder in der Grillpfanne zu garen. In diesem Rezept werden saftige Baby-Kalmare dieser schnellen und einfachen, doch aromafördernden Behandlung unterzogen.

ZUTATEN ***500 g vorbereitete Baby-Kalmare** (Seite 14)* ‖ ***2 EL Olivenöl, zzgl. etwas zum Einölen*** ‖ ***fein geriebene Schale und Saft einer Zitrone*** ‖ ***2 Knoblauchzehen, zerdrückt*** ‖ ***2 EL fein gehackte glatte Petersilie*** ‖ ***Salz und frisch gemahlener schwarzer Pfeffer***

EINS Die Kalmare inkl. Tentakeln in eine flache Schüssel geben. Öl, Zitronenschale und -saft, Knoblauch und Petersilie in einer kleinen Schüssel oder einem Becher vermischen. Über die Kalmare gießen, mit Salz und Pfeffer würzen. Mit Frischhaltefolie abdecken und 30 Min. im Kühlschrank marinieren. ZWEI Den Grill sehr stark vorheizen oder eine Grillpfanne mit schwerem Boden auf großer Flamme erhitzen, bis es raucht. Die Kalmare auf einen leicht geölten Grillrost legen und für 2–3 Min. unter den Grill schieben, bis sie gar und zart sind, dabei einmal wenden. Alternativ portionsweise nacheinander in der Grillpfanne 2–3 Min. braten. Aus der Pfanne nehmen und warm stellen, solange die restlichen Kalmare gegart werden. Heiß servieren.

Ergibt 4 Portionen

NÄHRWERTE JE PORTION 700 kJ – 169 kcal – 19 g Protein – 1 g Kohlenhydrate – 0 g Zucker – 9 g Fett – 1 g gesättigte Fettsäuren – 0 g Ballaststoffe – 220 mg Natrium

GESUNDHEITSTIPP Kalmare enthalten wenig Fett, vorwiegend einfach ungesättigte Fettsäuren. Diese Fettsäuren verbessern das Verhältnis von „gutem“ HDL-Cholesterin zu „schlechtem“ LDL-Cholesterin im Blut.

Gegrillte Garnelen in Romesco-Sauce *Gambas con romesco*

Romesco ist eine klassische Sauce aus Katalonien, die ursprünglich mit getrockneter scharfer Paprika zubereitet wurde, der *Pimiento de Romesco* oder der *Ñora*. Die Sauce ist auch ein toller Dip für rohes Gemüse.

ZUTATEN *20 rohe große Garnelen (Tiger Prawns), ausgelöst und ausgenommen (Seite 14), Schwanzstücke ganz lassen*

SAUCE *4 EL Olivenöl, zzgl. etwas zum Bepinseln ‖ 50 g gutes Weißbrot, ohne Kruste ‖ 1 große rote Paprika, entkernt und gehackt ‖ 1 getrocknete rote Chilischote ‖ 250 g reife Tomaten, gehackt ‖ 4 Knoblauchzehen, zerdrückt ‖ 25 g gemahlene Mandeln ‖ 50 ml Rotweinessig ‖ Salz und frisch gemahlener schwarzer Pfeffer*

EINS Für die Sauce das Öl in einer großen Pfanne auf mittlerer Flamme erhitzen. Das Brot in kleine Stücke brechen, in die Pfanne geben und unter Rühren 2–3 Min. golden braten. Mit einem Schaumlöffel herausnehmen und auf Küchenpapier abtropfen lassen. ZWEI Paprika, Chili, Tomaten und Knoblauch in die Pfanne geben und auf mittlerer Flamme unter häufigem Rühren 5–6 Min. braten. Vom Herd nehmen und abkühlen lassen. DREI Das Brot, die Paprikamischung, die gemahlenen Mandeln und den Essig in einen Mixer füllen. Mit Salz und Pfeffer würzen und zu einer glatten Mischung verarbeiten, ggf. ein wenig Wasser hinzufügen, falls sie zu dick ist. In eine Schüssel umfüllen, abdecken und 2–3 Stunden bei Zimmertemperatur ruhen lassen, damit sich die Aromen entfalten können. VIER Die Garnelen auf einen Grillrost legen und mit etwas Öl bepinseln. Unter den vorgeheizten Grill schieben und 2–3 Min. pro Seite grillen, bis sie pinkfarben und gar sind. Sofort servieren und die Sauce als Dip reichen.

Ergibt 4 Portionen

NÄHRWERTE JE PORTION 934 kJ – 224 kcal – 11 g Protein – 11 g Kohlenhydrate – 5 g Zucker – 15 g Fett – 2 g gesättigte Fettsäuren – 3 g Ballaststoffe – 150 mg Natrium

GESUNDHEITSTIPP Romesco-Sauce enthält viel Vitamin C und Carotin, zwei Antioxidantien, die krebserregende freie Radikale eliminieren können und so helfen sollen einige Arten von Krebs vorzubeugen.

Eier mit Thunfischfüllung nach spanischer Art

Huevos rellenos Gefüllte Eier sind auf der ganzen Welt beliebt. Mit Thunfisch aus der Dose sind sie einfach und schnell zubereitet. Sie können auch Lachs verwenden, wenn Sie diesen vorziehen.

ZUTATEN *4 hart gekochte Eier* ‖ *100 g Thunfisch in eigenem Saft aus der Dose, abgetropft* ‖ *2 EL fettreduzierte Mayonnaise* ‖ *1 EL Tomatenmark* ‖ *1 Prise Paprikapulver (edelsüß)* ‖ *Salz*

ZUM GARNIEREN *fein gehackte schwarze Oliven* ‖ *gehackte, abgetropfte Paprika aus dem Glas* ‖ *fein gehackte glatte Petersilie*

EINS Die Eier pellen und längs halbieren. Die Eigelbe mit einem Teelöffel vorsichtig herausnehmen und in eine Schüssel geben. Die Eiweißhälften mit der Schnittseite nach oben auf eine Servierplatte legen und beiseite stellen. ZWEI Den Thunfisch zerteilen und mit der Mayonnaise, Tomatenmark und Paprikapulver zu den Eigelben geben. Gründlich vermischen und mit Salz und Pfeffer abschmecken. DREI Mit einem Teelöffel vorsichtig dieselbe Menge der Fischmischung in jedes halbe Ei füllen. Mit Frischhaltefolie bedecken und in den Kühlschrank stellen, bis sie serviert werden. VIER Vor dem Servieren mit Oliven, Paprika und Petersilie garnieren.

Ergibt 4 Portionen

NÄHRWERTE JE PORTION 590 kJ – 140 kcal – 13 g Protein – 2 g Kohlenhydrate – 1 g Zucker – 9 g Fett – 2 g gesättigte Fettsäuren – 0 g Ballaststoffe – 228 mg Natrium

GESUNDHEITSTIPP Hühnereier enthalten hochwertige Proteine und lebensnotwendige Vitamine und Mineralstoffe wie Vitamin A, E, K, Folsäure und Biotin sowie Eisen und Zink. Obwohl Eier viel Cholesterin enthalten, erhöht der Konsum von Eiern den Cholesterinspiegel nur gering und nicht in dem Maße, wie man lange vermutet hat. Das ebenfalls im Ei enthaltene Lecithin verhindert die komplette Aufnahme des Cholesterins. Trotzdem sollten pro Woche nicht mehr als 2–3 Eier verzehrt werden.

Kichererbsen mit Chorizo *Garbanzos y chorizo*

Die Kichererbse ist die in Spanien meist geschätzte Hülsenfrucht. Im Gegensatz zum Nahen Osten oder Indien, wo Kichererbsenmehl oder Pasten gebräuchlich sind, kochen die Spanier die getrockneten und eingeweichten Hülsenfrüchte einfach alleine oder im Eintopf mit und essen sie als ganze Erbse. In diesem herzhaften Tapa-Gericht, bei dem der Einfachheit halber Kichererbsen aus der Dose verwendet werden, kocht man sie mit würziger Chorizo und reifen Tomaten. Mit knusprigem Brot servieren.

ZUTATEN *2 EL Olivenöl ‖ 1 rote Zwiebel, fein gehackt ‖ 2 Knoblauchzehen, zerdrückt ‖ 200 g Chorizo, in 1 cm großen Würfeln ‖ 2 reife Tomaten, entkernt und fein gehackt ‖ 3 EL gehackte glatte Petersilie ‖ 2 x 400 g Dosen in Wasser eingelegte Bio-Kichererbsen, abgetropft und gespült ‖ Salz und frisch gemahlener schwarzer Pfeffer*

EINS Das Öl in einer großen beschichteten Pfanne erhitzen. Zwiebel, Knoblauch und Chorizo hineingeben und auf mittlerer Flamme unter häufigem Rühren 4–5 Min. braten. ZWEI Tomaten, Petersilie und Kichererbsen hinzufügen und unter häufigem Rühren 4–5 Min. erhitzen, bis alles heiß ist. Mit Salz und Pfeffer abschmecken. Heiß oder bei Zimmertemperatur servieren.

Ergibt 4 Portionen

NÄHRWERTE JE PORTION 1737 kJ – 415 kcal – 24 g Protein – 36 g Kohlenhydrate – 7 g Zucker – 21 g Fett – 6 g gesättigte Fettsäuren – 10 g Ballaststoffe – 300 mg Natrium

GESUNDHEITSTIPP Kichererbsen sind ein hervorragender Lieferant von Ballaststoffen und Eisen. In diesem Gericht unterstützt das in den Tomaten enthaltene Vitamin C die Eisenaufnahme.

Runzelkartoffeln *Papas arrugadas*

Diese schlichte Tapa besteht aus in Salzwasser gekochten Kartoffeln und ist auf den Kanarischen Inseln besonders beliebt. Üblicherweise serviert man sie dort mit einer grünen und einer roten Sauce. Die Inselgruppe ist für diese feurigen Saucen, *Mojos* genannt, berühmt.

ZUTATEN *1,5 kg kleine Frühkartoffeln mit Schale ‖ 1 EL Meersalz*

GRÜNE SAUCE *4 EL gehackte glatte Petersilie ‖ 1 grüne Chilischote, entkernt und fein gehackt ‖ 3 Knoblauchzehen, zerdrückt ‖ 1 EL Kreuzkümmelsamen ‖ 2 EL Olivenöl ‖ 2 EL Weißweinessig ‖ Salz und frisch gemahlener schwarzer Pfeffer*

ROTE SAUCE *2 EL gehackte, abgetropfte Paprika aus dem Glas ‖ 2 große getrocknete Chilischoten, entkernt und gehackt ‖ 1 EL Paprika (edelsüß) ‖ 1 TL Kreuzkümmelsamen ‖ 2 EL Olivenöl ‖ 2 EL Rotweinessig ‖ Salz und frisch gemahlener schwarzer Pfeffer*

EINS Für die grüne Sauce alle Zutaten in einen kleinen Mixer füllen und zu einer glatten Mischung verarbeiten, etwas Wasser hinzufügen, um eine saucenartige Konsistenz zu erhalten. Mit Salz und Pfeffer abschmecken und in ein Schälchen umfüllen. Das Verfahren mit den Zutaten für die rote Sauce wiederholen. Statt im Mixer können die Saucen auch mit Mörser und Stößel zubereitet werden. ZWEI Die beiden Saucen in getrennte Schälchen füllen und zugedeckt 2–3 Std. bei Zimmertemperatur ruhen lassen, damit sich die Aromen entfalten können. DREI Die Kartoffeln in einen Kochtopf mit schwerem Boden füllen, sodass sie in einer Schicht nebeneinander liegen. Mit Wasser auffüllen, bis die Kartoffeln zur Hälfte im Wasser stehen. Das Meersalz hinzufügen, den Topf zudecken und auf kleiner Flamme 15–20 Min. kochen bzw. bis das Wasser vollständig verdampft und die Kartoffeln gar sind. VIER Den Topfdeckel abnehmen und weitere 4–5 Min. kochen, bis die Schalen etwas runzelig sind. FÜNF Die Kartoffeln warm oder bei Zimmertemperatur servieren und mit den Saucen zum Dippen reichen.

Ergibt 4 Portionen

NÄHRWERTE JE PORTION 1307 kJ – 309 kcal – 6 g Protein – 59 g Kohlenhydrate – 4 g Zucker – 7 g Fett – 1 g gesättigte Fettsäuren – 6 g Ballaststoffe – 1516 mg Natrium

GESUNDHEITSTIPP Kartoffeln, insbesondere junge Frühkartoffeln, die nicht lange gelagert werden, enthalten Vitamin C. Garen Sie Kartoffeln schonend, damit möglichst wenig Vitamin C durch das Kochen verloren geht.

Oliven in Gewürz- und Kräutermarinade *Olivos*

In jeder Tapa-Bar Spaniens zieren kleine, mit Oliven gefüllte Schälchen den Tresen. Die Oliven können schwarz, grün oder purpurfarben und gesalzen oder mariniert sein, manche mit Gewürzen oder Knoblauch und andere mit Chilis. Mit diesem Rezept bereichern Sie spanische Oliven schnell und einfach mit interessanten Aromen. Im Kühlschrank sind sie 2 Tage haltbar.

ZUTATEN *2 EL Rotweinessig* ‖ *3 Knoblauchzehen, ein feinen Scheiben* ‖ *1 EL Koriandersamen* ‖ *2 EL Kreuzkümmelsamen* ‖ *4 EL fein gehackte glatte Petersilie* ‖ *1 EL rote Chiliflocken* ‖ *1 TL edelsüße Paprika* ‖ *500 g gemischte grüne und schwarze Oliven* ‖ *Olivenöl zum Beträufeln*

EINS Essig und Knoblauch in eine kleine Schüssel geben, mit Frischhaltefolie abdecken und die Mischung bei Zimmertemperatur 24 Std. ziehen lassen. ZWEI Eine Pfanne mit schwerem Boden erhitzen. Die Koriandersamen unter Rühren und auf mittlerer Flamme darin anrösten, bis sie hellbraun sind. Abkühlen lassen und im Mörser grob zerstoßen. Die Kreuzkümmelsamen ebenso rösten, jedoch nicht zerstoßen. DREI Den Knoblauch abseihen und in einer getrennten Schüssel mit Petersilie, Chiliflocken, Paprikapulver, dem zerstoßenen Koriander und den Kreuzkümmelsamen mischen. Den Essig wegschütten. VIER Die Oliven hineingeben, mit etwas Öl beträufeln und gründlich durchmischen. Mit Frischhaltefolie abdecken und bei Zimmertemperatur 4–5 Std. marinieren, dabei hin und wieder mischen.

Ergibt 4 Portionen

NÄHRWERTE JE PORTION 540 kJ – 130 kcal – 2 g Protein – 2 g Kohlenhydrate – 0 g Zucker – 14 g Fett – 2 g gesättigte Fettsäuren – 4 g Ballaststoffe – 2270 mg Natrium

GESUNDHEITSTIPP Oliven sind reich an einfach ungesättigten Fettsäuren und dem antioxidativen Vitamin E. Häufig sind sie durch langes Einlegen in Salzlake konserviert, was einen erhöhten Natriumgehalt bedeutet. Dem können Sie entgegenwirken, indem Sie die Oliven vor dem Marinieren gründlich abspülen.

Anchovis mit gegrillter Paprika *Pimientos del piquillo con anchoas*

Diese leckere Tapa bedarf normalerweise der roten Piquillo-Paprika, doch in diesem Rezept nimmt man einfach frische und gehäutete rote Paprikaschoten. Mit den Anchovis kombiniert schmecken sie einfach köstlich. Mit einem Glas gekühlten Sherry Fino servieren.

ZUTATEN *3 rote Paprikaschoten* ‖ *100 g Anchovisfilets in Salzlake* ‖ *2 Knoblauchzehen, fein gehackt* ‖ *2 EL fein gehackte glatte Petersilie* ‖ *natives Olivenöl extra, zum Beträufeln*

EINS Die Paprikaschoten auf einem Grillrost verteilen und unter den vorgeheizten Grill schieben. Unter häufigem Wenden 15–20 Min. grillen, bis sie rundherum gebräunt sind. In eine Plastiktüte geben und 10–12 Min. stehen lassen, so löst der Dampf die Haut ab. ZWEI Die Paprikaschoten entkernen und vorsichtig häuten. Das Fruchtfleisch in große, mundgerechte Stücke schneiden und auf einem Servierteller verteilen. DREI Die Anchovisfilets abspülen und abtrocknen, längs halbieren und auf den Paprikastücken verteilen. Mit Knoblauch und Petersilie bestreuen. Vor dem Servieren mit ein wenig Olivenöl beträufeln.

Ergibt 4 Portionen

NÄHRWERTE JE PORTION 490 kJ –118 kcal – 8 g Protein – 7 g Kohlenhydrate – 6 g Zucker – 7 g Fett – 0 g gesättigte Fettsäuren – 2 g Ballaststoffe – 987 mg Natrium

GESUNDHEITSTIPP Anchovis enthalten die wertvollen Omega-3-Fettsäuren, die helfen können, Herzerkrankungen vorzubeugen. Durch Abgießen und Spülen der Anchovis kann der Salzgehalt zwar reduziert, aber nicht vollständig beseitigt werden, sodass zusätzliches Salzen bei diesem Gericht überflüssig wird.

Sautierte Padrón-Peperoni *Pimientos fritos*

Die *Pimiento de Padrón* ist eine kleine grüne süße Peperoni aus den nordwestlichen Provinzen Spaniens, die im Frühjahr und Sommer auf den Markt kommt. Sie ist eine köstliche Vorspeise, die man am besten mit den Fingern vernascht. Wie beim Russischen Roulette besteht jedoch ein Risiko beim Verspeisen dieser leckeren Peperoni: Etwa jede zehnte ist wirklich feurig-scharf! Die Padrón-Peperoni erhalten Sie beim spanischen Gemüsehändler.

ZUTATEN ***400 g kleine grüne süße Padrón-Peperoni*** || ***Olivenöl zum Braten*** || ***Meersalz***

EINS Die Peperoni abspülen, Stiele dranlassen und mit Küchenpapier trocken tupfen. **ZWEI** Ein wenig Öl in eine große, beschichtete Pfanne geben und auf großer Flamme erhitzen. Die Peperoni hineingeben und auf mittlerer Flamme unter häufigem Rühren braten, bis sie rundherum gebräunt sind. **DREI** Die Peperoni mit einem Schaumlöffel herausnehmen und auf zerknülltem Küchenpapier abtropfen lassen. Auf einem Servierteller verteilen und mit etwas Meersalz bestreuen. Sofort servieren.

Ergibt 4–6 Portionen

NÄHRWERTE JE PORTION 268 kJ – 64 kcal – 1 g Protein – 3 g Kohlenhydrate – 2 g Zucker – 6 g Fett – 1 g gesättigte Fettsäuren – 2 g Ballaststoffe – 500 mg Natrium

GESUNDHEITSTIPP Grüne Peperoni- und Paprikaschoten sind vortreffliche Lieferanten von Beta-Carotin, einem Antioxidans von dem man annimmt, dass es vor Krebs, Herzerkrankungen und Schlaganfällen schützt.

Spinat-Tortilla *Tortilla de espinacas* Diese Tortilla, ein Favorit unter den Tapas, kann auch als ganze Mahlzeit dienen, wenn es eilt. Sie können statt des Spinats auch andere gekochte Gemüsereste verwerten.

ZUTATEN *200 g junge Spinatblätter* ‖ *2 EL Olivenöl* ‖ *1 kleine Zwiebel, fein gehackt* ‖ *250 g Kartoffeln, geschält, in 1,5 cm großen Würfeln gerade bissfest gegart und abgekühlt* ‖ *6 große Eier* ‖ *Salz und frisch gemahlener schwarzer Pfeffer*

EINS Leicht gesalzenes Wasser in einem Topf zum Kochen bringen und den Spinat darin 1–2 Min. kochen. Den Spinat abtropfen und die Restflüssigkeit herauspressen, dann grob hacken und beiseite stellen. ZWEI Das Öl in einer beschichteten Pfanne (Ø 20 cm) erhitzen, die Zwiebel hineingeben und auf kleiner Flamme unter gelegentlichem Rühren 8–10 Min. weich braten. Die Kartoffeln hinzufügen und 2–3 Min. mitbraten. Den Spinat unterrühren. DREI Die Eier in einer Schüssel leicht verquirlen und mit Salz und Pfeffer würzen. In der Pfanne bei mittlerer Hitze etwa 10–12 Min. stocken lassen, bis der Boden der Tortilla leicht gebräunt ist. VIER Auf einen geölten Teller gleiten lassen und umgedreht in die Pfanne stürzen. Die andere Seite etwa 2 Min. garen, bis sie gebräunt und die Tortilla in der Mitte noch weich ist. FÜNF Auf einem Schneidebrett in Spalten oder Vierecke schneiden und servieren.

Ergibt 4–6 Portionen

NÄHRWERTE JE PORTION 980 kJ – 235 kcal – 13 g Protein – 13 g Kohlenhydrate – 2 g Zucker – 15 g Fett – 3 g gesättigte Fettsäuren – 3 g Ballaststoffe – 190 mg Natrium

GESUNDHEITSTIPP Spinat enthält viel Folsäure, d.h. das für die Zellteilung und Zellneubildung essenzielle Vitamin der B-Gruppe. Da Folsäure durch langes Erhitzen zerstört wird, sollten Sie Spinat so kurz wie möglich garen, um seinen Nährwert zu erhalten.

Gefüllte Tomaten *Tomates rellenos*

Diese mit Knoblauch und Kräutern gewürzten, gefüllten Tomaten, sind eine tolle Tapa, um mit einem Drink serviert zu werden. Sie passen aber auch als Beilage zu gegrilltem Fleisch, Geflügel oder Fisch.

ZUTATEN *4 große reife Tomaten ‖ 2 EL Olivenöl ‖ 2 EL Pinienkerne ‖ 3 Knoblauchzehen, fein gehackt ‖ 100 g frische Weißbrotkrumen ‖ 1 EL gehackte Estragonblätter ‖ 1 EL gehackte glatte Petersilie ‖ Salz und frisch gemahlener schwarzer Pfeffer*

EINS Die Tomaten quer halbieren, die Kerne herauslöffeln und wegwerfen. Mit einem kleinen Teelöffel vorsichtig aushöhlen und das Fruchtfleisch aufbewahren. Die Tomatenhälften mit der Schnittseite nach oben auf einem Backblech verteilen. ZWEI Das Öl in einer beschichteten Pfanne erhitzen, die Pinienkerne hineingeben und auf mittlerer Flamme unter ständigem Rühren 2–3 Min. rösten. Knoblauch, Brotkrumen und Kräuter hinzufügen und unter ständigem Rühren 3–4 Min. kochen. Das Tomatenfruchtfleisch hinzufügen, mit Salz und Pfeffer würzen und, immer noch rührend, weitere 2–3 Min. kochen. DREI Die Mischung gleichmäßig in die Tomatenhälften verteilen und im vorgeheizten Ofen (180 °C, Gas Stufe 4) 15–20 Min. backen, bis die Tomaten weich sind. VIER Aus dem Ofen nehmen und vor dem Servieren auf Zimmertemperatur abkühlen lassen.

Ergibt 4 Portionen

NÄHRWERTE JE PORTION 755 kJ – 180 kcal – 4 g Protein – 18 g Kohlenhydrate – 6 g Zucker – 11 g Fett – 3 g gesättigte Fettsäuren – 3 g Ballaststoffe – 144 mg Natrium

GESUNDHEITSTIPP Tomaten sind gute Vitamin-C- und Carotin-Lieferanten. Beide agieren als Antioxidantien und eliminieren die krebserregenden freien Radikale.

Kartoffeln mit Tomaten *Patatas bravas*

Sollten Sie in einer Tapa-Bar ein Glas Sherry Fino genießen, so ist diese klassische Tapa ein absolutes Muss. Normalerweise werden die Kartoffeln frittiert, doch hier werden sie stattdessen einfach im Ofen gebacken, da man so weniger Fett benötigt.

ZUTATEN *800 g Kartoffeln, geschält und in mundgerechten Stücken gerade weich gekocht ‖ Olivenöl zum Beträufeln ‖ 400 g Tomatenstücke aus der Dose ‖ 1 kleine rote Zwiebel, fein gehackt ‖ 2 Knoblauchzehen, fein gehackt ‖ 3 TL Paprikapulver (edelsüß) ‖ 1 Lorbeerblatt ‖ 1 TL normaler oder Sandzucker ‖ Salz ‖ fein gehackte glatte Petersilie zum Garnieren*

EINS Ein Backblech mit Backpapier auslegen. Die Kartoffeln in einer Schicht auf dem Backblech verteilen. Mit ein wenig Öl beträufeln und mit Salz und Pfeffer würzen. Im vorgeheizten Ofen (220 °C, Gas Stufe 7) 15–20 Min. hellbraun backen. ZWEI In der Zwischenzeit die Tomaten inkl. Saft, Zwiebel und Knoblauch in einen Topf geben und auf mittlerer Flamme unter gelegentlichem Rühren 10–15 Min. kochen. Paprikapulver, Lorbeerblatt und Zucker hinzufügen und unter häufigem Rühren weitere 5–10 Min. kochen. DREI Die Kartoffeln auf einen vorgewärmten Servierteller geben, mit der Tomatensauce übergießen und mischen. Mit der Petersilie garnieren und servieren.

Ergibt 4 Portionen

NÄHRWERTE JE PORTION 824 kJ – 195 kcal – 6 g Protein – 40 g Kohlenhydrate – 6 g Zucker – 2 g Fett – 0 g gesättigte Fettsäuren – 4 g Ballaststoffe – 54 mg Natrium

GESUNDHEITSTIPP Um möglichst viel Vitamin C in den Kartoffeln zu erhalten, sollten sie hauchdünn und erst kurz vor dem Kochen geschält werden.

Miesmuscheln mit Vinaigrette *Mejillones en escabeche*

In Spanien werden etwa 90 Prozent der Miesmuscheln an der „Sonnenküste" Galiciens gesammelt. Hier werden sie als Tapa mit einem einfachen Dressing, einer Vinaigrette, serviert. Mit knusprigem Brot reichen.

ZUTATEN *1 kg frische Miesmuscheln, vorbereitet* (Seite 14) ‖ *3 Knoblauchzehen, fein gehackt* ‖ *200 ml Sherry Fino* ‖ *100 ml kaltes Wasser*

VINAIGRETTE *3 EL Olivenöl* ‖ *2 EL Weißweinessig* ‖ *1 EL sehr fein gehackte Schalotte* ‖ *1 EL sehr fein gehackte, abgetropfte Paprika aus dem Glas* ‖ *1 EL sehr fein gehackte Petersilie* ‖ *Salz und frisch gemahlener schwarzer Pfeffer*

EINS Die abgetropften Miesmuscheln in eine große, flache Pfanne geben. Sherry und Wasser dazugeben und mit Knoblauch bestreuen. Gut zudecken und auf großer Flamme unter mehrmaligem kräftigen Schütteln der Pfanne 4–5 Min. kochen, bzw. bis sich alle Muscheln geöffnet haben (geschlossene wegwerfen). ZWEI In der Zwischenzeit die Vinaigrette zubereiten. Alle Zutaten in einer kleinen Schüssel verrühren und mit Salz und Pfeffer abschmecken. DREI Die leeren Schalenhälften der Muscheln auslesen und wegwerfen. Die Muscheln in ihren halben Schalen nebeneinander auf einem flachen Servierteller anrichten oder auf 4 kleine Teller verteilen. Die Vinaigrette mit einem Löffel auf die Muscheln geben und sofort servieren.

Ergibt 4 Portionen

NÄHRWERTE JE PORTION 846 kJ – 200 kcal – 13 g Protein – 2 g Kohlenhydrate – 1 g Zucker – 10 g Fett – 1 g gesättigte Fettsäuren – 0 g Ballaststoffe – 165 mg Natrium

GESUNDHEITSTIPP Miesmuscheln enthalten unter anderem Vitamin B12 und Folsäure und liefern außerdem Selen und Zink.

Pikante Fleischspieße *Pinchos morunos*

Diese ursprünglich maurischen Grillspieße in Kräuter-Gewürzmarinade können mit einer Vielzahl verschiedener Zutaten zubereitet werden, wie beispielsweise Hühnerleber, Wurst und Gemüse. In dieser Version werden sie mit magerem Schweinefilet zubereitet.

ZUTATEN *500 g mageres Schweinefilet*

MARINADE *1 EL gehackte Thymianblätter* ‖ *1 EL Paprikapulver (edelsüß)* ‖ *2 TL Kreuzkümmelsamen* ‖ *1 EL Olivenöl, zzgl. etwas zum Einölen* ‖ *Saft einer Zitrone* ‖ *Salz und frisch gemahlener schwarzer Pfeffer*

EINS Das Filet in 1 cm große Stücke schneiden und mit den gesamten Marinadezutaten in eine Schüssel geben. Mit Salz und Pfeffer würzen und gründlich mischen. Mit Frischhaltefolie abdecken und über Nacht im Kühlschrank marinieren. ZWEI Kleine Bambusspieße 30 Min. ins kalte Wasserbad legen, dann das Fleisch aufspießen (7–8 Fleischstücke pro Spieß). DREI Die Spieße auf einen leicht geölten Grillrost legen und im vorgeheizten Grill beidseitig 3–4 Min. grillen, bzw. bis sie leicht gebräunt und gar sind. Sofort servieren.

Ergibt 4 Portionen

NÄHRWERTE JE PORTION 970 kJ – 230 kcal – 26 g Protein – 1 g Kohlenhydrate – 0 g Zucker – 14 g Fett – 4 g gesättigte Fettsäuren – 0 g Ballaststoffe – 98 mg Natrium

GESUNDHEITSTIPP Schweinefleisch galt lange Zeit als besonders fett, doch durch moderne Zuchtmethoden erhält man heute auch vom Schwein mageres Fleisch. Trotzdem enthält gerade das Muskelfleisch relativ viel Fett, das ihm seine typisch helle Farbe verleiht. Doch wenn man das sichtbare Fett entfernt, so ist dieses Fleisch kaum fetter als Rind- oder Kalbfleisch.

Gemüse mit Ei *Piperrada*

Es heißt, dass es Basken waren, die diese wundervolle Kombination aus langsam gekochten Tomaten, Paprikaschoten und Auberginen aus Mexiko, der Heimat der Paprika, nach Europa mitbrachten. In diesem Rezept wird leicht verquirltes Ei unter das Gemüse gerührt, Sie können aber auch Spiegeleier oder pochierte Eier auf das Gemüse geben.

ZUTATEN *2 EL Olivenöl ‖ 1 Zwiebel, sehr fein gehackt ‖ 4 Knoblauchzehen, in feinen Scheiben ‖ 2 rote Paprika, entkernt und in feine Streifen geschnitten ‖ 200 g Aubergine, in 1 cm großen Würfeln ‖ 400 g Tomatenstücke aus der Dose ‖ 1 TL feinkörniger brauner Zucker ‖ 4 kleine Eier ‖ Salz und frisch gemahlener schwarzer Pfeffer ‖ gehackte glatte Petersilie zum Garnieren*

EINS Das Öl in einer Pfanne mit schwerem Boden erhitzen, die Zwiebel hineingeben und auf kleiner Flamme unter gelegentlichem Rühren 12–15 Min. weich und golden braten. ZWEI Knoblauch, Paprika und Aubergine hinzufügen und auf mittlerer Flamme unter häufigem Rühren 3–4 Min. kochen. DREI Tomaten inkl. Saft und Zucker unterrühren, mit Salz und Pfeffer abschmecken und aufkochen. Die Hitze reduzieren, zudecken und auf kleiner Flamme 25–30 Min. kochen, bis die Mischung eingedickt ist. VIER Die Eier leicht verquirlen, in die Pfanne geben und unterrühren. Vom Herd nehmen, zudecken und 5–6 Min. ruhen lassen, bis das Ei gestockt ist. FÜNF Mit der gehackten Petersilie bestreuen. Als Tapa in kleine Schälchen gefüllt oder in der Pfanne als Hauptgericht sofort servieren.

Ergibt als Tapa 4 Portionen, als Hauptgericht 2 Portionen

NÄHRWERTE JE PORTION TAPA 840 kJ – 200 kcal – 10 g Protein – 14 g Kohlenhydrate – 13 g Zucker – 12 g Fett – 3 g gesättigte Fettsäuren – 4 g Ballaststoffe – 122 mg Natrium

GESUNDHEITSTIPP Eier stellen ausgezeichnete Protein- und Eisenlieferanten für Vegetarier dar. Die Tomaten und Paprika in diesem Rezept sind reich an Vitamin C, was die Aufnahme von Eisen unterstützt.

Suppen und Salate

DENOMINACION DE ORIGEN
"CALASPARRA"

Kalte Mandel-Trauben-Suppe *Ajo blanco con uvas*

Diese helle, kalte Suppe ist eine perfekte Vorspeise für ein Festmahl an einem heißen Sommertag. Verwenden Sie die besten spanischen Mandeln, die Sie finden können, so erzielen Sie gewiss einen vorzüglichen Geschmack!

ZUTATEN *4 Scheiben 1 Tag altes Weißbrot, ohne Kruste, in Stücke gebrochen ‖ 100 g ganze blanchierte Mandeln ‖ 2 Knoblauchzehen, fein gehackt ‖ 4 EL natives Olivenöl extra, zzgl. etwas zum Beträufeln ‖ 4 EL Rotweinessig ‖ 1 l Eiswasser ‖ 100 g geschälte, weiße oder grüne kernlose Weintrauben, grob gehackt ‖ Salz*

EINS Das Brot in einer Schüssel kaltem Wasser 5–6 Min. einweichen. ZWEI In der Zwischenzeit die Mandeln mit dem Knoblauch in eine Küchenmaschine füllen und in kurzen Stößen zerkleinern, bis alles fein gemahlen ist. DREI Das Brot abgießen und die Restflüssigkeit herauspressen. Zur Mandelmischung geben und glatt mixen. Öl und Essig hinzufügen und nochmals mixen, bis die Mischung glatt ist. Bei laufender Maschine das abgemessene Eiswasser in einem dünnen Strahl eingießen und noch einmal gut mischen, bis eine glatte Mischung entsteht. VIER Die Mischung durch ein feines Sieb seihen und durch festes Andrücken so viel Flüssigkeit wie möglich herauspressen. Salzen, abdecken und 8–10 Std. oder über Nacht in den Kühlschrank stellen. FÜNF Kurz vor dem Servieren, die Mischung in einzelne gekühlte Schalen füllen und die Trauben gleichmäßig auf die Schalen verteilen. Mit Olivenöl beträufeln und sofort servieren.

Ergibt 4 Portionen

NÄHRWERTE JE PORTION 1470 kJ – 353 kcal – 8 g Protein – 21 g Kohlenhydrate – 6 g Zucker – 27 g Fett – 3 g gesättigte Fettsäure – 2 g Ballaststoffe – 163 mg Natrium

GESUNDHEITSTIPP Neben anderen Nährstoffen wie z.B. Vitamin E enthalten Mandeln die Aminosäure Arginin, die das Risiko von Herzerkrankungen senken kann.

Kräftiger Bohnentopf nach galicischer Art *Caldo Gallego*

Die Zutaten für dieses herzhafte Gericht aus Galicien werden alle zusammen in einem Topf gekocht. Traditionell bereitet man es mit gesalzenem Schweinebauch zu, der hier, einer gesünderen Variante zuliebe, durch mageren Räucherspeck ersetzt wurde.

ZUTATEN *2,5 l kaltes Wasser ‖ 200 g weiße Bohnen, über Nacht in kaltem Wasser eingeweicht und abgetropft ‖ 125 g magerer Räucherspeck, am Stück ‖ 125 g Serrano Schinken, am Stück ‖ 200 g Suppenfleisch vom Rind, am Stück ‖ 2 Zwiebeln, in dicken Ringen ‖ 350 g Kartoffeln, geschält und geviertelt ‖ 4 kleine weiße Rüben, geschält und halbiert ‖ 200 g gehackter Weißkohl ‖ Salz und frisch gemahlener Pfeffer*

EINS Das Wasser in einen großen Topf mit schwerem Boden füllen. Bohnen, Speck, Schinken, Rindfleisch und Zwiebeln hineingeben und zum Kochen bringen, dabei den Schaum von der Oberfläche schöpfen. Die Hitze reduzieren, zudecken und auf kleiner Flamme ca. 1 1/2 Std. kochen. ZWEI Kartoffeln und Rüben hinzufügen, nochmals zudecken und 20–25 Min. weich kochen. Kohl hinzufügen, zudecken und weitere 10 Min. kochen. Mit Salz und Pfeffer abschmecken und vom Herd nehmen. DREI Das Fleisch mit einem Schaumlöffel herausnehmen und in mundgerechte Stücke schneiden. Die Suppe in große, vorgewärmte Suppenteller füllen und die Fleischstücke hineingeben. Sofort servieren.

Ergibt 4 Portionen

NÄHRWERTE JE PORTION 1873 kJ – 444 kcal – 40 g Protein – 50 g Kohlenhydrate – 11 g Zucker – 10 g Fett – 3 g gesättigte Fettsäure – 17 g Ballaststoffe – 1280 mg Natrium

GESUNDHEITSTIPP Die Kartoffeln und Bohnen machen aus diesem Eintopf eine höchst nahrhafte Speise, in der Proteine und Kohlenhydrate gleichermaßen enthalten sind. Zusätzliches Salzen ist aufgrund des Schinkens und des Specks überflüssig und würde den Natriumgehalt unnötig erhöhen.

Hühnersuppe mit Zitrone und Minze *Canja popular*

In Spanien und Portugal gehört diese klare, mit Zitrone und frischer Minze verfeinerte Hühnersuppe zu den Leibspeisen, deren Duft allein schon Wohlbehagen auslöst.

ZUTATEN *1 ganzes Hühnchen, ca. 1 kg, in große Teile zerlegt* ‖ *2 l Wasser oder gekaufte bzw. selbst gemachte Gemüsebrühe* (Seite 16) ‖ *2 Zwiebeln, fein gehackt* ‖ *1 Lorbeerblatt* ‖ *2 EL Paella Reis, z.B. Calasparra oder Bomba, oder ein anderer Rundkornreis* ‖ *2 EL Zitronensaft* ‖ *8 EL fein gehackte frische Minzeblätter* ‖ *Salz und frisch gemahlener schwarzer Pfeffer*

EINS Das Hühnchen mit dem Wasser oder der Brühe in eine große feuerfeste Kasserolle geben, Zwiebel und Lorbeerblatt hinzufügen und zum Kochen bringen. Die Hitze reduzieren, gut zudecken und auf kleinster Flamme 30 Min. köcheln lassen. ZWEI Den Reis hineinrühren, zudecken und 1 Std. garen. Vom Herd nehmen und das Huhn in der Brühe abkühlen lassen. DREI Die Hühnerteile mit einem Schaumlöffel herausnehmen. Haut und Knochen entfernen und wegwerfen. Das Fleisch in mundgerechte Stücke zerteilen und zurück in die Kasserolle geben. Den Zitronensaft hineinrühren und die Suppe wieder erhitzen. Mit Salz und Pfeffer abschmecken. VIER Die Minze hinzufügen und gut umrühren. In vorgewärmte Suppenteller füllen und sofort servieren.

Ergibt 4 Portionen

NÄHRWERTE JE PORTION 1787 kJ – 430 kcal – 32 g Protein – 17 g Kohlenhydrate – 4 g Zucker – 26 g Fett – 8 g gesättigte Fettsäure – 1 g Ballaststoffe – 129 mg Natrium

GESUNDHEITSTIPP Sobald Huhn und Brühe abgekühlt sind, sollten Sie so viel Fett wie möglich von der Oberfläche schöpfen. Alternativ kann das Hühnchen vor dem Kochen gehäutet werden.

15-Minuten-Suppe *Sopa al cuarto de hora*

Diese iberische Suppe verlangt sowohl nach frischen als auch nach trockenen Zutaten und ist ein fantastisch schnell zubereitetes und doch sättigendes Abendessen. Darauf folgt am besten ein knackiger Salat.

ZUTATEN *2 EL Olivenöl ‖ 1 kleine Zwiebel, fein gehackt ‖ 2 Knoblauchzehen, fein gehackt ‖ 2 dicke Scheiben 1 Tag altes Weißbrot, ohne Kruste, in Stücke gebrochen ‖ 2 Tomaten, grob gehackt ‖ 1 l gekaufte oder selbst gemachte Gemüsebrühe* (Seite 16) *‖ 200 g tiefgekühlte Erbsen ‖ 1 TL Paprikapulver (edelsüß) ‖ 100 ml Sherry Fino ‖ 250 g rohe Garnelen (Tiger Prawns) in der Schale ‖ 1 hart gekochtes Ei, gepellt und fein gehackt ‖ 2 EL fein gehackte glatte Petersilie ‖ Salz und frisch gemahlener schwarzer Pfeffer*

EINS Das Öl in einem mittelgroßen Topf erhitzen, Zwiebel, Knoblauch und Brot hineingeben und auf mittlerer Flamme unter häufigem Rühren 3–4 Min. anbraten. ZWEI Tomaten, Brühe, Erbsen, Paprikapulver und Sherry hinzufügen und aufkochen. Die Hitze reduzieren und auf mittlerer Flamme unter gelegentlichem Rühren 3–4 Min. köcheln. DREI Die Garnelen hinzufügen und unter häufigem Rühren 5–7 Min. kochen, bis die Garnelen pinkfarben und gar sind. Vom Herd nehmen und mit Salz und Pfeffer abschmecken. VIER In vorgewärmte, flache Suppenteller füllen, mit Ei und Petersilie bestreuen und sofort servieren.

Ergibt 4–6 Portionen

NÄHRWERTE JE PORTION 1000 kJ – 239 kcal – 15 g Protein – 20 g Kohlenhydrate – 5 g Zucker – 8 g Fett – 2 g gesättigte Fettsäure – 5 g Ballaststoffe – 240 mg Natrium

GESUNDHEITSTIPP Der Verzehr von Zwiebeln und Knoblauch kann helfen, Blutgerinnseln und Herzerkrankungen vorzubeugen.

Andalusischer Gazpacho *Gazpacho Andaluz*

Diese klassische kalte Suppe, die an heißen Sommertagen für herrliche Erfrischung sorgt, wird traditionell im *Mortero*, dem spanischen Mörser, zubereitet. In der heutigen Zeit ersparen uns Mixer und Küchenmaschine diese aufwändige Arbeit, ohne dass der Geschmack des Originals verfälscht würde.

ZUTATEN *1 kg reife Strauchtomaten ‖ 2 Scheiben 1 Tag altes knuspriges Weißbrot ‖ 1 rote Paprika, entkernt und grob gehackt ‖ 2 Knoblauchzehen, fein gehackt ‖ 1 TL normaler oder Sandzucker ‖ 2–3 EL Rotweinessig ‖ 2–3 EL natives Olivenöl extra ‖ ein paar Tropfen Tabasco ‖ Salz und frisch gemahlener schwarzer Pfeffer*

CROÛTONS AUS DEM OFEN *2 dicke Scheiben Weißbrot ‖ Olivenöl zum Bepinseln*

ZUM GARNIEREN *4 EL fein gewürfelte Gurke ‖ 3 EL sehr fein gewürfelte rote Zwiebel ‖ gehackte glatte Petersilie*

EINS Die Tomatenböden kreuzförmig einschneiden. In eine hitzefeste Schüssel legen, mit kochendem Wasser übergießen und 10–15 Min. stehen lassen. Abgießen und in kaltes Wasser tauchen, anschließend häuten und entkernen. Das Fruchtfleisch grob hacken und in den Mixer oder die Küchenmaschine füllen. ZWEI Das Brot in Stücke brechen und in einer Schüssel kaltem Wasser 5–6 Min. einweichen, anschließend abgießen und die Flüssigkeit herauspressen. Zu den Tomaten in den Mixer oder in die Küchenmaschine geben, Paprika, Knoblauch, Zucker, Essig, Öl und Tabasco hinzufügen. Zu einer glatten Masse verarbeiten, ggf. kühles Wasser nachfüllen, um eine flüssigere Konsistenz zu erhalten. Mit Salz und Pfeffer abschmecken und in eine Schüssel geben. Abdecken und 3–4 Std. kalt stellen. DREI In der Zwischenzeit die Croûtons zubereiten. Die Brotkruste abschneiden und das Brot würfeln. Ein Backblech mit etwas Öl einfetten. Die Brotwürfel auf dem Blech verteilen und mit etwas Öl bepinseln. Im vorgeheizten Ofen (200 °C, Gas Stufe 6) 10–15 Min. knusprig backen. Auf ein Abkühlgitter geben und abkühlen lassen. VIER Den Gazpacho in gekühlte Schalen füllen, mit Garnierung und Croûtons bestreuen und servieren.

Ergibt 4–6 Portionen

NÄHRWERTE JE PORTION 1070 kJ – 254 kcal – 7 g Protein – 36 g Kohlenhydrate – 12 g Zucker – 10 g Fett – 2 g gesättigte Fettsäuren – 6 g Ballaststoffe – 286 mg Natrium

GESUNDHEITSTIPP Tomaten und Paprika sind vorzügliche Quellen für Vitamin C und Beta-Carotin, die beide wegen ihrer antioxidativen Eigenschaften sehr wichtig sind. Tomaten enthalten außerdem Lycopin. Das Lycopin gehört zu den Carotinoiden und verleiht den Tomaten ihren roten Farbstoff. Außerdem fungiert es als Antioxidans und Radikalfänger.

Stockfischsalat mit Tomaten und Paprika *Ensalada de bacalao*

Stockfisch ist in der spanischen Küche sehr geschätzt und wird hier für einen knackigen, herzhaften Salat verwendet, der so gehaltvoll ist, dass er als Hauptgericht serviert werden kann.

ZUTATEN *400 g Stockfisch (salzgetrockneter Kabeljau) ‖ 2 rote Paprika, entkernt, in feinen Streifen ‖ 4 reife Tomaten, in dünnen Scheiben ‖ Saft einer Zitrone ‖ natives Olivenöl extra zum Beträufeln ‖ frisch gemahlener schwarzer Pfeffer ‖ gehackte glatte Petersilie zum Garnieren*

EINS Den Fisch in einer Schüssel kaltem Wasser über Nacht einweichen. Das Wasser 3–4 Mal wechseln, um das überschüssige Salz zu entfernen. ZWEI Abgießen, in einen großen Topf geben, mit frischem kaltem Wasser auffüllen und zum Kochen bringen. Die Hitze reduzieren und auf kleiner Flamme 15–20 Min. weich kochen. DREI Den Fisch abtropfen lassen, häuten, entgräten und zerteilen. In eine flache Salatschüssel geben. VIER Paprika und Tomaten mischen und zum Fisch geben. Alles gut durchmischen. FÜNF Den Salat mit Zitronensaft übergießen und mit etwas Öl beträufeln. Mit Pfeffer würzen und vor dem Servieren mit gehackter Petersilie bestreuen.

Ergibt 4 Portionen

NÄHRWERTE JE PORTION 790 kJ – 186 kcal – 34 g Protein – 7 g Kohlenhydrate – 7 g Zucker – 3 g Fett – 1 g gesättigte Fettsäuren – 2 g Ballaststoffe – 410 mg Natrium

GESUNDHEITSTIPP Stockfisch ist fettarm. In diesem Rezept kombiniert man ihn mit Paprika und Tomaten, beide reich an Antioxidantien. Diese natürlichen Antioxidationsmittel beugen Krebserkrankungen vor, indem sie die krebserregenden, freien Radikale einfangen, die in vielen Nahrungsmitteln naturgegeben enthalten sind oder durch das Kochen in ihnen entstehen.

Oliven-Reis-Salat *Ensalada de arroz*

Dieser Salat eignet sich hervorragend, um übrig gebliebenen gekochten Reis zu verwerten. Ideal auch als bunte, frische und leckere Beilage für ein Sommerpicknick oder Mittagessen.

ZUTATEN *400 g gekochter weißer Langkornreis, abgekühlt ‖ 4 Frühlingszwiebeln, fein gehackt ‖ 1 Knoblauchzehe, sehr fein gehackt ‖ 1 rote Paprika, entkernt und sehr fein gehackt ‖ 15 schwarze Oliven, entsteint und fein gehackt ‖ 15 grüne Oliven, entsteint und fein gehackt ‖ 12 Kirschtomaten, halbiert ‖ 4 EL gehackte glatte Petersilie ‖ Saft einer Zitrone ‖ 2 EL Olivenöl ‖ Salz und frisch gemahlener schwarzer Pfeffer*

EINS Den Reis in eine flache Salatschüssel geben und die Körner mit einer Gabel auflockern. ZWEI Frühlingszwiebeln, Knoblauch, Paprika, Oliven, Tomaten und Petersilie dazugeben und gut vermischen. DREI Mit Zitronensaft übergießen und mit Öl beträufeln. Mit Salz und Pfeffer abschmecken und gründlich mischen. Sofort servieren.

Ergibt 4 Portionen

NÄHRWERTE JE PORTION 1000 kJ – 239 kcal – 4 g Protein – 35 g Kohlenhydrate – 5 g Zucker – 10 g Fett – 2 g gesättigte Fettsäuren – 4 g Ballaststoffe – 855 mg Natrium

GESUNDHEITSTIPP Oliven sind reich an ungesättigten Fettsäuren, die den „guten" HDL-Cholesterinspiegel – im Verhältnis zum „schlechten" LDL-Spiegel – erhöhen und so womöglich Herz-Kreislauf-Erkrankungen verhindern. Um den Salzgehalt von in Salzlake eingelegten Oliven zu reduzieren, einfach gut abspülen und abtropfen lassen.

Geröstete rote Paprika in Vinaigrette *Ensalada de pimientos morrones*

Dieser leuchtend rote, köstliche Salat ist eine tolle Vorspeise, passt aber auch als fantastische Beilage zu Fisch-, Huhn- oder Fleischgerichten.

ZUTATEN *4 rote Paprikaschoten*

DRESSING *1 Knoblauchzehe, zerdrückt* ‖ *3 EL Rotweinessig* ‖ *4 EL Olivenöl* ‖ *Salz und frisch gemahlener schwarzer Pfeffer*

EINS Die Paprikaschoten auf einen Grillrost legen und unter den vorgeheizten Grill schieben. Unter häufigem Wenden 15–20 Min. rösten, bis sie rundherum gebräunt sind. In eine Plastiktüte füllen und 10–12 Min. ruhen lassen, sodass der Dampf die Haut ablöst. ZWEI Die Paprika vorsichtig häuten, entkernen und in eine flache Schüssel geben. DREI Für das Dressing alle Zutaten in einer kleinen Schüssel oder einem Becher vermischen, mit Salz und Pfeffer abschmecken und über die Paprika gießen. Zudecken und bei Zimmertemperatur 10–15 Min. stehen lassen, damit sich die Aromen vor dem Servieren entfalten können.

Ergibt 4 Portionen

NÄHRWERTE JE PORTION 597 kJ – 144 kcal – 2 g Protein – 9 g Kohlenhydrate – 9 g Zucker – 12 g Fett – 2 g gesättigte Fettsäuren – 3 g Ballaststoffe – 8 mg Natrium

GESUNDHEITSTIPP Rote Paprikas sind eine besonders gute Quelle für Vitamin C und Beta-Carotin.

Grüner Salat mit Pfirsich *Ensalada de melocotones* Dieser grüne Salat mit Pfirsich ist eine mallorquinische Vorspeise und bei heißem Sommerwetter besonders beliebt. Auf Wunsch können Sie die Pfirsiche durch frische, reife Aprikosen ersetzen.

ZUTATEN *500 g reife Pfirsiche* ‖ *4 Romana-Salatherzen* ‖ *200 g fettarmer Frischkäse oder Magerquark* ‖ *100 ml fettreduzierte Mayonnaise* ‖ *2 EL gehackte Mandeln, geröstet* ‖ *Salz und frischer gemahlener Pfeffer*

EINS Wasser in einem großen Topf zum Kochen bringen. Die Pfirsiche für 30 Sek. hineingeben. Anschließend in kaltes Wasser tauchen und häuten. ZWEI Die Pfirsiche halbieren, entkernen und jede Hälfte in 4 Spalten schneiden. DREI Die einzelnen Salatblätter entlang dem Rand eines Serviertellers anrichten und die Pfirsiche in die Mitte legen. VIER Frischkäse und Mayonnaise in einer Schüssel schlagen, mit Salz und Pfeffer abschmecken und mit einem Löffel auf dem Salat verteilen. Kurz vor dem Servieren mit Mandeln bestreuen.

Ergibt 4 Portionen

NÄHRWERTE JE PORTION 830 kJ – 198 kcal – 8 g Protein – 16 g Kohlenhydrate – 15 g Zucker – 12 g Fett – 1 g gesättigte Fettsäuren – 5 g Ballaststoffe – 257 mg Natrium

GESUNDHEITSTIPP Folsäure ist sowohl in den meisten Gemüsesorten als auch in einigen Früchten in unterschiedlichen Mengen enthalten. Salat ist eine exzellente Quelle für Folsäure, die sich vor allem in den äußeren, grüneren Blättern befindet. Folsäure ist für die Zellteilung, d.h. für die Neubildung von Körperzellen, unentbehrlich.

Salat nach andalusischer Art *Ensalada a la Andaluza*

Dieser herrlich bunte und erfrischende Salat ist typisch für ein sommerliches Abendessen in Andalusien und eine einfach großartige Vorspeise.

ZUTATEN *4 reife Tomaten, in Scheiben oder Würfeln ‖ 1 rote Zwiebel, halbiert und in feine Streifen geschnitten ‖ 2 rote Paprika, entkernt und in feine Streifen geschnitten ‖ 16 grüne Oliven, entsteint ‖ 4 EL Olivenöl ‖ 3 EL Sherryessig ‖ 1 TL klarer Honig ‖ 1 Knoblauchzehe, zerdrückt ‖ Salz und frisch gemahlener Pfeffer ‖ fein gehackte glatte Petersilie zum Garnieren*

EINS Tomaten, Zwiebel, Paprika und Oliven in eine flache Salatschüssel oder auf eine Servierplatte geben. ZWEI Öl, Essig, Honig und Knoblauch in einer kleinen Schüssel oder einem Becher vermengen. Mit Salz und Pfeffer abschmecken und über den Salat gießen. Alles gut vermischen. DREI Zugedeckt 15–20 Min. bei Zimmertemperatur ruhen lassen, damit sich die Aromen entfalten können. Mit gehackter Petersilie garnieren und servieren.

Ergibt 4 Portionen

NÄHRWERTE JE PORTION 772 kJ – 186 kcal – 2 g Protein – 14 g Kohlenhydrate – 13 g Zucker – 14 g Fett – 2 g gesättigte Fettsäuren – 4 g Ballaststoffe – 440 mg Natrium

GESUNDHEITSTIPP Rote Paprikaschoten enthalten viel Beta-Carotin, das vom Körper zu Vitamin A umgewandelt wird. Außerdem sind sie reich an Vitamin C, was aus diesem Salat eine extrem gute Quelle für Antioxidantien macht, von denen man annimmt, dass sie wichtig für das Vorbeugen von Krebserkrankungen sind.

Orangen-Zwiebel-Salat *Ensalada de cebolla y naranjas*

Dieser vitalisierende, nach frischer Minze duftende Salat mit süß-saurer Note, bringt Sonnenschein an jeden Tisch. Er sollte stets gekühlt serviert werden.

ZUTATEN *4 EL Sultaninen ‖ 4 große süße Orangen ‖ 1 kleine rote Zwiebel, in feinen Streifen ‖ 20 schwarze Oliven, entsteint ‖ 2 EL Mandelblättchen ‖ eine kleine Handvoll Minzeblätter ‖ 2 EL Rotweinessig ‖ 4 EL Olivenöl ‖ Salz und frisch gemahlener schwarzer Pfeffer*

EINS Die Sultaninen in einer Schüssel heißem Wasser 20 Min. quellen lassen. Abgießen und in eine flache Salatschüssel oder auf einen Servierteller geben. **ZWEI** Die Orangen schälen und filetieren. Dabei über einer Schale arbeiten, um den Saft aufzufangen. **DREI** Die Orangenspalten mit Zwiebel, Oliven, Mandeln und Minze in die Salatschüssel bzw. auf den Servierteller geben und alles gut vermischen. **VIER** Essig und Öl in einer kleinen Schüssel oder einem Becher mit dem aufgefangenem Orangensaft vermengen und mit Salz und Pfeffer abschmecken. Über den Salat gießen und gründlich mischen. Zudecken und vor dem Servieren 1–2 Std. kalt stellen.

Ergibt 4 Portionen

NÄHRWERTE JE PORTION 1375 kJ – 328 kcal – 5 g Protein – 40 g Kohlenhydrate – 40 g Zucker – 17 g Fett – 2 g gesättigte Fettsäuren – 8 g Ballaststoffe – 385 mg Natrium

GESUNDHEITSTIPP Dieser Salat ist überaus nährstoffreich. Orangen haben einen hohen Vitamin-C-Gehalt und sind außerdem eine gute Quelle für Folsäure.

Kartoffel-Gemüse-Salat *Ensaladilla rusa*

Dieser Salat wird in Spanien überall ein wenig anders zubereitet. Er ist eine perfekt ausgewogene Mischung aus Kartoffeln, Eiern und Gemüse und wird mit ein wenig Mayonnaise-Dressing abgerundet, das den verschiedenen Aromen einen feinen Akzent verleiht.

ZUTATEN *400 g Kartoffeln, geschält, in 1,5 cm großen Würfeln ‖ 1 große Karotte, in 1,5 cm großen Würfeln ‖ 100 g frische oder gefrorene Erbsen ‖ 100 g grüne Bohnen, in 1,5 cm lange Stücke geschnitten ‖ 1/2 kleine rote Zwiebel, fein gehackt ‖ 1 kleine rote Paprika, entkernt und sehr fein gehackt ‖ 2 EL fein gehackte Gewürzgurke ‖ 1 EL kleine Kapern ‖ 12 grüne Oliven mit Paprikafüllung ‖ gehackte glatte Petersilie zum Garnieren*

DRESSING *150 ml fettreduzierte Mayonnaise ‖ 1 EL Zitronensaft ‖ 1 TL Dijonsenf ‖ Salz und frisch gemahlener schwarzer Pfeffer*

EINS Leicht gesalzenes Wasser in einem großen Topf zum Kochen bringen. Kartoffeln und Karotten hineingeben und 10–12 Min. kochen, bis sie fast weich sind. Erbsen und Bohnen hinzufügen und weitere 1–2 Min. kochen. ZWEI Das Gemüse abgießen und mit Zwiebel, Paprika, Gurke, Kapern und Oliven in eine flache Salatschüssel geben. DREI Für das Dressing alle Zutaten in einer kleinen Schüssel verquirlen und mit Salz und Pfeffer abschmecken. Mit einem Löffel auf den Salat geben und gründlich mischen (evtl. mit den Fingern). VIER Vor dem Servieren mit gehackter Petersilie garnieren.

Ergibt 4 Portionen

NÄHRWERTE JE PORTION 988 kJ – 236 kcal – 5 g Protein – 27 g Kohlenhydrate – 9 g Zucker – 13 g Fett – 0 g gesättigte Fettsäuren – 6 g Ballaststoffe – 796 mg Natrium

GESUNDHEITSTIPP Das in Kartoffeln enthaltene Vitamin C befindet sich größtenteils direkt unter der Schale, schälen Sie sie also so dünn wie möglich und kochen Sie die Kartoffeln in möglichst wenig Wasser.

Apfel-Walnuss-Salat *Ensalada de manzana y nueces*

Abgesehen von der köstlichen Süße ist diese Komposition aus Äpfeln, Walnüssen und Sellerie auch besonders knackig. Das Höchstmaß an Genuss erzielen Sie, indem Sie einen gekühlten Sherry Fino dazu reichen.

ZUTATEN *1 knackiger Apfel, z.B. Granny Smith ‖ 4 Frühlingszwiebeln, in feinen Ringen ‖ 2 EL Rosinen ‖ 2 Stangen Staudensellerie, in feinen Streifen ‖ 100 g gehackte Walnüsse ‖ 200 g Kartoffeln, geschält, in 1,5 cm große Würfel geschnitten und bissfest gegart ‖ 1 EL Zitronensaft ‖ 150 ml fettreduzierte Mayonnaise ‖ 100 g fettarmer Frischkäse oder Magerquark ‖ 1 EL fein gehackte Korianderblätter ‖ Salz und frisch gemahlener Pfeffer*

EINS Den Apfel entkernen und in dünne Scheiben schneiden. Mit den Frühlingszwiebeln, Rosinen, Sellerie, Walnüssen und Kartoffeln in eine Salatschüssel geben. ZWEI Zitronensaft, Mayonnaise und Käse in einer kleinen Schüssel schlagen. Mit Salz und Pfeffer abschmecken, mit einem Löffel auf den Salat geben und gründlich mischen. Mit dem Koriander bestreuen und servieren.

Ergibt 4 Portionen

NÄHRWERTE JE PORTION 1644 kJ – 395 kcal – 8 g Protein – 30 g Kohlenhydrate – 20 g Zucker – 28 g Fett – 1 g gesättigte Fettsäuren – 4 g Ballaststoffe – 386 mg Natrium

GESUNDHEITSTIPP Der Großteil des in den Walnüssen enthaltenen Fettes ist mehrfach ungesättigt. Walnüsse enthalten weniger Vitamin E als andere Nüsse, doch ihr Vitamin-B-Gehalt ist genauso hoch.

Porreesalat *Ensalada de puerros*

Dieser verlockende Salat stammt aus der baskischen Region. Versuchen Sie ganz frischen Baby-Porree zu bekommen, so verleihen Sie dem Gericht eine feine Süße.

ZUTATEN *20–24 Stangen Baby-Porree, gestutzt, längs halbiert und gesäubert ‖ 4 EL Olivenöl ‖ 2 EL Rotweinessig ‖ 1 Knoblauchzehe, zerdrückt ‖ 1 TL Paprikapulver (edelsüß) ‖ 2 hart gekochte Eier, fein gehackt ‖ Salz und frisch gemahlener schwarzer Pfeffer*

EINS Leicht gesalzenes Wasser in einem großen Topf zum Kochen bringen. Porree hineingeben und 8–10 Min. weich kochen. Gut abtropfen lassen und in einer flachen Salatschüssel verteilen. ZWEI Öl, Essig, Knoblauch und Paprikapulver in einer kleinen Schüssel oder einem Becher vermengen. Mit Salz und Pfeffer abschmecken und über den Porree gießen. Mit den hart gekochten Eiern bestreuen und sofort servieren.

Ergibt 4 Portionen

NÄHRWERTE JE PORTION 740 kJ – 179 kcal – 6 g Protein – 5 g Kohlenhydrate – 3 g Zucker – 15 g Fett – 3 g gesättigte Fettsäuren – 4 g Ballaststoffe – 46 mg Natrium

GESUNDHEITSTIPP Porree ist reich an Beta-Carotin (einer Vorstufe von Vitamin A) und enthält auch Folsäure, insbesondere in den dunkelgrünen Teilen des Gemüses. Folsäure ist sehr hitzeempfindlich, weshalb Sie grünes Gemüse immer so kurz wie möglich garen sollten.

Gemüse

Spanish Padron Peppers
200g
stronomic Excellence from Spain

Fenchelgratin *Hinojo al horno*

Spanischer Frischkäse von den Balearen wird auch *Queso tierno* genannt. In diesem einfachen, köstlichen Gratin-Rezept wird der Fenchel damit überbacken. Sie können stattdessen einen anderen Frischkäse oder auch Ricotta nehmen. Eine weitere Alternative wäre der *Rollito de cabra*, ein weicher, reifer Ziegenkäse aus Extremadura.

ZUTATEN *400 g Baby-Fenchel oder 2 Fenchelknollen* ‖ *100 g Frischkäse oder Ricotta* ‖ *1 EL gehackter Oregano, zzgl. ganzer Blätter zum Garnieren* ‖ *Olivenöl zum Beträufeln* ‖ *Salz und frisch gemahlener schwarzer Pfeffer*

EINS Den Baby-Fenchel stutzen und halbieren bzw. die Fenchelknollen in dicke Scheiben schneiden. Einen großen Topf leicht gesalzenes Wasser zum Kochen bringen, den Fenchel hineingeben und 15–20 Min. kochen. Abtropfen lassen und in einer flachen Auflaufform nebeneinander legen. ZWEI Den Käse in kleinen Brocken darauf verteilen und mit Oregano bestreuen. Mit Salz und Pfeffer würzen und mit ein wenig Öl beträufeln. Im mittelheißen Grill 6–8 Min. überbacken, bis die Oberfläche goldgelb ist. Mit Oreganoblättern garnieren und sofort servieren.

Ergibt 4 Portionen

NÄHRWERTE JE PORTION 259 kJ – 62 kcal – 3 g Protein – 2 g Kohlenhydrate – 2 g Zucker – 5 g Fett – 2 g gesättigte Fettsäuren – 2 g Ballaststoffe – 36 mg Natrium

GESUNDHEITSTIPP Obwohl Folsäure eigentlich eher in dunkelgrünem Blattgemüse zu finden ist, enthält auch die blasse Fenchelknolle bedeutende Mengen dieses B-Vitamins. Folsäure schützt vor Anämie (Blutarmut) und spielt bei der Zellteilung eine entscheidende Rolle, insbesondere während der Schwangerschaft und der ersten Lebensjahre.

Blumenkohl mit Knoblauch *Coliflor al ajillo*

Dieses Gericht ist typisch für die Regionen Navarra und Rioja. Die einfache, aber aromafreundliche Zubereitungsweise macht aus dem schlichten Blumenkohl etwas aufregend Frisches. Das Rezept gelingt mit Broccoli genauso gut.

ZUTATEN *800 g Blumenkohlröschen* ‖ *4 EL Olivenöl* ‖ *3 Knoblauchzehen, fein gehackt* ‖ *1 EL Paprikapulver (edelsüß)* ‖ *2 EL Weißweinessig* ‖ *Salz und frisch gemahlener schwarzer Pfeffer* ‖ *fein gehackte glatte Petersilie zum Garnieren*

EINS Einen großen Topf leicht gesalzenes Wasser zum Kochen bringen. Die Blumenkohlröschen in mundgerechte Stücke brechen, in den Topf geben und 6–8 Min. kochen. Gut abtropfen lassen und beiseite stellen. **ZWEI** Das Öl in einer großen, beschichteten Pfanne erhitzen. Den Knoblauch hineingeben und auf mittlerer Flamme unter Rühren 1–2 Min. anbraten. Blumenkohl, Paprikapulver und Essig dazugeben und mit Salz und Pfeffer abschmecken. Auf großer Flamme 3–4 Min. unter Rühren kochen und anschließend vom Herd nehmen. Mit etwas gehackter Petersilie garnieren und sofort servieren.

Ergibt 4 Portionen

NÄHRWERTE JE PORTION 716 kJ – 173 kcal – 8 g Protein – 7 g Kohlenhydrate – 5 g Zucker – 13 g Fett – 2 g gesättigte Fettsäuren – 4 g Ballaststoffe – 20 mg Natrium

GESUNDHEITSTIPP Blumenkohl liefert Folsäure und Vitamin C, während Knoblauch eine wichtige Rolle in der Prävention von Blutgerinnseln spielt und somit auch im Schutz gegen Herzerkrankungen.

Grüne Bohnen nach spanischer Art *Judías verdes*

In Spanien wird dieses Gericht normalerweise als separater Gang vor dem Hauptgericht serviert. Abwandeln lässt es sich sehr schön mit Zuckererbsen.

ZUTATEN *1 EL Weißweinessig ‖ 400 g grüne Bohnen ‖ 2 EL Olivenöl ‖ 1 kleine Zwiebel, fein gehackt ‖ 2 Knoblauchzehen, fein gehackt ‖ Salz und frisch gemahlener schwarzer Pfeffer*

EINS Wasser in einem Topf zum Kochen bringen, Essig und Bohnen hineingeben und 3–4 Min. kochen. Abgießen, die Bohnen mit frischem Wasser abspülen und abtropfen lassen. Mit Küchenpapier trocken tupfen. ZWEI Das Öl in einer großen beschichteten Pfanne erhitzen. Zwiebeln und Bohnen hineingeben und auf mittlerer Flamme unter häufigem Rühren 3–4 Min. braten. Knoblauch hinzufügen und unter Rühren 1 Min. weiterbraten. DREI Mit Salz und Pfeffer abschmecken, die Hitze reduzieren, zudecken und die Bohnen auf kleinster Flamme 5–6 Min. köcheln lassen. Sofort servieren.

Ergibt 4 Portionen

NÄHRWERTE JE PORTION 330 kJ – 80 kcal – 2 g Protein – 5 g Kohlenhydrate – 3 g Zucker – 6 g Fett – 1 g gesättigte Fettsäuren – 8 g Ballaststoffe – 1 mg Natrium

GESUNDHEITSTIPP Grüne Bohnen und Zuckererbsen enthalten viel Beta-Carotin, einer Vorstufe von Vitamin A, einem wichtigen Antioxidans. Beide Gemüsesorten enthalten außerdem viele Ballaststoffe.

Frühlingsgemüse-Eintopf *Menestra de verduras*

Mit diesem Rezept aus dem Baskenland zaubern Sie aus frischem Frühlingsgemüse einen äußerst schmackhaften, rein vegetarischen Eintopf.

ZUTATEN *2 EL Olivenöl ‖ 100 g Baby-Zwiebeln oder kleine Schalotten, geschält und am Stück ‖ 2 Knoblauchzehen, fein gehackt ‖ 250 g Frühkartoffeln, geschält und gerade weich gekocht ‖ 250 g junge Möhrchen, halbiert ggf. geviertelt ‖ 250 g geschälte frische oder tiefgekühlte Saubohnen ‖ 2 EL Crème légère ‖ Salz und frisch gemahlener schwarzer Pfeffer ‖ Frühlingszwiebeln, in Ringe geschnitten zum Garnieren*

EINS Das Öl in einer großen Pfanne erhitzen. Zwiebeln oder Schalotten und Knoblauch hineingeben und auf kleiner Flamme, zugedeckt und unter gelegentlichem Rühren, 10–12 Min. goldgelb dünsten. Die Kartoffeln hinzufügen und auf mittlerer Flamme unter häufigem Rühren 3–4 Min. mitbraten. Vom Herd nehmen, zudecken und warm stellen. ZWEI Einen Topf mit leicht gesalzenem Wasser zum Kochen bringen, die Möhren hineingeben und 6–8 Min. weich kochen. Die Bohnen hinzufügen und 2–3 Min. kochen. Abtropfen lassen und zur Kartoffelmischung geben. DREI Crème légère hinzufügen, salzen, pfeffern und gründlich mischen. Anschließend auf großer Flamme 2–3 Min. kochen. Mit den Frühlingszwiebelringen garnieren und sofort servieren.

Ergibt 4 Portionen

NÄHRWERTE JE PORTION 753 kJ – 180 kcal – 6 g Protein – 20 g Kohlenhydrate – 7 g Zucker – 9 g Fett – 2 g gesättigte Fettsäuren – 3 g Ballaststoffe – 46 mg Natrium

GESUNDHEITSTIPP Um die Vitamine im Gemüse zu erhalten, sollten Sie es erst kurz vor dem Verspeisen zubereiten und möglichst kurz garen.

Saubohnen mit Schinken *Habas con jamón*

Saubohnen werden auf allen Inseln der Balearen und in Katalonien angepflanzt, oftmals inmitten der Olivenhaine. Die feine Süße junger Saubohnen passt vorzüglich zum Serrano-Schinken.

ZUTATEN *800 g frische Saubohnen in der Hülse* ‖ *2–3 EL Olivenöl* ‖ *2 Knoblauchzehen, in feinen Scheiben* ‖ *1 kleine Zwiebel, fein gehackt* ‖ *4 EL fein gehackter Serrano-Schinken* ‖ *200 ml Sherry Fino* ‖ *200 ml Wasser* ‖ *1 TL fein gehackte Majoranblätter* ‖ *2 hart gekochte Eier, gepellt und fein gehackt* ‖ *Salz und frisch gemahlener schwarzer Pfeffer*

EINS Die Bohnen aus den Hülsen lösen. Das Öl in einem großen Topf mit schwerem Boden erhitzen, Knoblauch, Zwiebel und Schinken 3–4 Min. unter Rühren braten. Bohnen, Sherry, Wasser und Majoran hinzufügen, mit Salz und Pfeffer würzen und aufkochen. Die Hitze reduzieren, zudecken und auf kleinster Flamme 1 Std. köcheln lassen, bis die Bohnen weich sind. ZWEI Den Deckel vom Topf nehmen und die Restflüssigkeit verdampfen lassen (die Mischung sollte zwar saftig, aber nicht flüssig sein). DREI In eine vorgewärmte Servierschüssel umfüllen und mit den Eiern bestreuen. Sofort servieren.

Ergibt 4 Portionen

NÄHRWERTE JE PORTION 1090 kJ – 260 kcal – 14 g Protein – 9 g Kohlenhydrate – 3 g Zucker – 13 g Fett – 3 g gesättigte Fettsäuren – 4 g Ballaststoffe – 348 mg Natrium

GESUNDHEITSTIPP Mit Saubohnen nehmen Sie sowohl Ballaststoffe als auch Beta-Carotin zu sich, die Vorstufe von Vitamin A. Achten Sie darauf, die Saubohnen richtig durchzukochen, da der innere Teil der Bohnenhülse roh gegessen bei manchen Personen eine Form von Anämie verursachen kann.

Spinat nach katalanischer Art *Espinacas Catalanas*

In diesem typisch katalanischen Gericht kocht man frischen Spinat mit Sultaninen und Pinienkernen. Mit frisch geröstetem oder getoastetem Brot servieren – das passt großartig.

ZUTATEN *50 g Sultaninen* ‖ *800 g Spinat, grob gehackt* ‖ *2 EL Olivenöl* ‖ *2 Knoblauchzehen* ‖ *1 Zwiebel, fein gehackt* ‖ *4 EL Pinienkerne, kurz geröstet* ‖ *Salz und frisch gemahlener schwarzer Pfeffer*

EINS Die Sultaninen 20 Min. in einer Schüssel heißem Wasser quellen lassen. Abgießen und beiseite stellen. **ZWEI** Einen großen Topf Wasser zum Kochen bringen und den Spinat 2–3 Min. darin kochen. Abtropfen lassen und die Restflüssigkeit herauspressen. **DREI** Das Öl in einer großen beschichteten Pfanne erhitzen, Knoblauch und Zwiebel hineingeben und auf mittlerer Flamme unter Rühren 4–5 Min. braten. **VIER** Spinat, Sultaninen und Pinienkerne hinzufügen. Mit Salz und Pfeffer abschmecken und 2–3 Min. unter Rühren erhitzen. Sofort servieren.

Ergibt 4 Portionen

NÄHRWERTE JE PORTION 868 kJ – 209 kcal – 8 g Protein – 14 g Kohlenhydrate – 13 g Zucker – 14 g Fett – 1 g gesättigte Fettsäuren – 9 g Ballaststoffe – 283 mg Natrium

GESUNDHEITSTIPP Spinat ist eine nützliche Quelle für Folsäure. Pinienkerne sind reich am antioxidativ wirkenden Vitamin E. Sultaninen enthalten die Mineralstoffe Eisen und Kalium.

Artischocken in aromatischer Vinaigrette *Alcachofas en vinagreta aromática*

Wenn Sie keine frischen Artischocken finden, können Sie auch Artischockenherzen aus der Dose oder dem Glas verwenden. Gut abtropfen lassen und mit Küchenpapier trocken tupfen, bevor Sie die Vinaigrette darüber geben.

ZUTATEN *4 Artischocken ‖ 2 Knoblauchzehen, zerdrückt ‖ 1 TL gem. Kreuzkümmel ‖ 1 TL gem. Koriander ‖ 1/2 EL rote Chiliflocken ‖ 1 EL fein gehackte Oreganoblätter ‖ 2 EL Sherry-Essig ‖ 2 EL gekaufte oder selbst gemachte Gemüsebrühe (Seite 16) ‖ 4 EL Olivenöl ‖ Salz und frisch gemahlener schwarzer Pfeffer ‖ fein gehackte glatte Petersilie zum Garnieren*

EINS Die Artischockenstiele bis auf 5 cm vom Boden abschneiden. Die harten, äußeren Blätter abschneiden und wegwerfen. Die restlichen Blattspitzen stutzen. Die Artischocken längs halbieren, sehr große vierteln. ZWEI Das „Heu“ (die Samenfäden) auf dem Artischockenboden mit einem Teelöffel entfernen und wegwerfen. In eine Schüssel mit Wasser geben und etwas Zitronensaft hinzufügen, damit sich das Gemüse nicht verfärbt. DREI In einem großen Topf leicht gesalzenes Wasser zum Kochen bringen, die Artischocken hineingeben und wieder aufkochen. Die Hitze reduzieren und 20–25 Min. sanft köcheln lassen, bis das Gemüse weich ist. Mit einem Schaumlöffel herausnehmen, mit der Schnittseite nach unten auf Küchenpapier abtropfen und abkühlen lassen. VIER In der Zwischenzeit das Dressing zubereiten. Knoblauch, Kreuzkümmel, Koriander, Chiliflocken, Oregano, Essig, Brühe und Öl in einer Schüssel vermengen und mit Salz und Pfeffer abschmecken. FÜNF Die Artischocken auf einem flachen Servierteller anrichten. Mit der Vinaigrette übergießen, zudecken und 15–20 Min. bei Zimmertemperatur ziehen lassen. Mit gehackter Petersilie garnieren und servieren.

Ergibt als Tapa 4 Portionen

NÄHRWERTE JE PORTION 466 kJ – 113 kcal – 2 g Protein – 2 g Kohlenhydrate – 1 g Zucker – 11 g Fett – 2 g gesättigte Fettsäuren – 1 g Ballaststoffe – 16 mg Natrium

GESUNDHEITSTIPP Artischocken sind eine gute Quelle für einige Mineralstoffe und Spurenelemente, darunter Phosphor, Magnesium, Mangan und Chrom. Ihr wichtigster Wirkstoff ist das cholesterinsenkende Cynarin, das den Gallenabfluss und die Regeneration der Leber anregt.

Grillgemüse-Salat *Escalivada*

Escalivar bedeutet *auf glimmender Asche* braten. In diesem katalanischen Rezept wird buntes, klassisch mediterranes Gemüse im Ofen gegrillt und anschließend mit einem Kreuzkümmel-Rosmarin-Dressing abgerundet. Mit knusprigem Brot servieren.

ZUTATEN *2 Zwiebeln, in große Spalten geschnitten ‖ 1 Aubergine, in dicken Scheiben ‖ je 1 rote und 1 gelbe Paprikaschote, entkernt und in breiten Streifen ‖ 2 Tomaten, in große Spalten geschnitten ‖ 8 Knoblauchzehen, ungeschält ‖ Olivenöl zum Beträufeln ‖ Salz und frisch gemahlener Pfeffer*

DRESSING *2 TL Kreuzkümmelsamen ‖ 2 EL Zitronensaft ‖ 3 EL Sherry-Essig ‖ 4 EL Olivenöl ‖ 1 TL Paprikapulver (edelsüß) ‖ 1 TL fein gehackte Rosmarinnadeln*

EINS Das Gemüse und den Knoblauch auf zwei Backblechen verteilen und mit etwas Öl beträufeln. Im vorgeheizten Ofen (190 °C, Gas Stufe 5) 25–30 Min. braten. ZWEI Aus dem Ofen nehmen und die Knoblauchzehen, sobald sie genügend abgekühlt sind, schälen und in den Mixer oder die Küchenmaschine geben. Alle Dressingzutaten hinzufügen und mixen, bis die Mischung ein glattes Dressing ergibt. DREI Das Gemüse auf einem Servierteller anrichten und mit dem Dressing übergießen. Gründlich mischen und mit Salz und Pfeffer abschmecken. Warm oder leicht abgekühlt servieren.

Ergibt 4 Portionen

NÄHRWERTE JE PORTION 812 kJ – 195 kcal – 4 g Protein – 16 g Kohlenhydrate – 13 g Zucker – 14 g Fett – 2 g gesättigte Fettsäuren – 6 g Ballaststoffe – 17 mg Natrium

GESUNDHEITSTIPP Zwiebeln und Knoblauch sollen helfen, Blutgerinnseln vorzubeugen und das Herz somit gesund zu erhalten. Rote und gelbe Paprika enthalten besonders viel Vitamin C und Beta-Carotin (das vom Körper zu Vitamin A umgewandelt wird) und haben somit stark antioxidative Eigenschaften.

Kichererbsen mit Mangold

Garbanzos con grelos Die nahrhafte Kichererbse ist eine äußerst vielseitige Hülsenfrucht und zudem auch noch preiswert. Hier wird sie mit zartem Mangold kombiniert, doch Sie können auch anderes grünes Blattgemüse verwenden. Wenn es eilt, kann ein 400 g Glas Kichererbsen die trockenen Hülsenfrüchte ersetzen.

ZUTATEN *250 getrocknete Kichererbsen ‖ 750 ml Wasser ‖ 1 große Karotte, fein gewürfelt ‖ 1 Zweig glatte Petersilie ‖ 1 Lorbeerblatt ‖ 1 große Zwiebel, gehackt ‖ 2 EL Olivenöl ‖ 2 Knoblauchzehen, gehackt ‖ 1 rote Zwiebel, fein gehackt ‖ 2 reife Tomaten, grob gehackt ‖ 250 g Mangold, grob gehackt ‖ Salz und frisch gemahlener schwarzer Pfeffer*

EINS Die Kichererbsen über Nacht in reichlich kaltem Wasser einweichen. Abgießen, spülen und mit der angegebenen Menge Wasser in einen großen Topf geben. Karotte, Petersilienzweig, Lorbeerblatt und Zwiebel hinzufügen. Zum Kochen bringen, dabei den Schaum von der Oberfläche schöpfen, die Hitze reduzieren und unbedeckt 20–25 Min. köcheln, bis die Zutaten weich sind. ZWEI In der Zwischenzeit das Öl in einer Pfanne erhitzen. Knoblauch und rote Zwiebel hineingeben und auf mittlerer Flamme unter Rühren 3–4 Min. anbraten. Die Hitze erhöhen, die Tomaten hinzufügen und 5–6 Min. unter häufigem Rühren kochen. DREI Die Tomatenmischung zu den Kichererbsen geben und den Mangold unterrühren. Erst jetzt salzen und pfeffern (Kichererbsen bleiben hart, wenn man Salz hinzugibt, bevor sie weich gekocht sind) und aufkochen. Die Hitze reduzieren und 5–6 Min. unbedeckt köcheln lassen. In eine vorgewärmte Servierschüssel umfüllen.

Ergibt 4 Portionen

NÄHRWERTE JE PORTION 1344 kJ – 319 kcal – 16 g Protein – 45 g Kohlenhydrate – 12 g Zucker – 10 g Fett – 1 g gesättigte Fettsäuren – 12 g Ballaststoffe – 170 mg Natrium

GESUNDHEITSTIPP Kichererbsen sind äußerst nährstoffreich und liefern verwertbare Mengen Protein, Kohlenhydrate, Eisen und Ballaststoffe. Mangold enthält Carotin, Vitamin C und Folsäure sowie kleine Mengen anderer B-Vitamine und Spurenelemente.

Spargel mit Zitronen-Mayonnaise *Espárragos con salsa mayonesa*

Dieses andalusische Rezept ist eine wunderbar simple Zubereitung dieses zarten Gemüses. Versuchen Sie im Frühling wilden Spargel zu bekommen. In diesem Rezept ergänzt eine fettreduzierte Mayonnaise mit Zitronenaroma die grünen Schönheiten auf gesunde Art und Weise.

ZUTATEN *800 g grüner Spargel, gestutzt und wenn nötig am unteren Enden geschält ‖ 3 EL Olivenöl ‖ Salz und frisch gemahlener schwarzer Pfeffer*

ZITRONEN-MAYONNAISE *200 ml fettreduzierte Mayonnaise ‖ 2 Knoblauchzehen, zerdrückt ‖ 2 TL fein geriebene Zitronenschale ‖ 2 TL Zitronensaft ‖ eine Prise Paprikapulver (edelsüß)*

EINS Den Spargel in einer flachen Schale nebeneinander legen. Mit Öl beträufeln und mit Salz und Pfeffer würzen. Die Spargelstangen vorsichtig drehen, damit sie rundherum benetzt sind. ZWEI Für die Zitronen-Mayonnaise alle Zutaten in einer kleinen Schüssel vermengen und mit Salz und Pfeffer abschmecken. Abdecken und beiseite stellen. DREI Das Öl in einer großen Grillpfanne mit schwerem Boden erhitzen, bis es raucht. Den Spargel portionsweise hineingeben und 2–3 Min. je Seite braten, bis er leicht gebräunt ist. Aus der Pfanne nehmen und warm stellen, während der restliche Spargel angebraten wird. Heiß mit der Zitronen-Mayonnaise servieren.

Ergibt 4 Portionen

NÄHRWERTE JE PORTION 1107 kJ – 268 kcal – 6 g Protein – 8 g Kohlenhydrate – 6 g Zucker – 24 g Fett – 1 g gesättigte Fettsäuren – 3 g Ballaststoffe – 470 mg Natrium

GESUNDHEITSTIPP Spargel ist eine gute Quelle für Folsäure und die Vitamin A-Vorstufe Beta-Carotin. Erhitzen Sie den Spargel so kurz wie möglich, um den hitzebedingten Folsäureverlust so gering wie möglich zu halten.

Auberginenintopf mit gemischtem Gemüse *Pisto Manchego*

Aus der Region La Mancha in Zentralspanien stammt dieses leckere Gericht mit Auberginen, Zucchini, roten Paprika und Tomaten. Manchmal gibt man noch ein pochiertes Ei oder ein Spiegelei darauf. Bei Zimmertemperatur schmeckt es mit Brot und einer Scheibe Manchego-Käse genauso gut.

ZUTATEN *2 EL Olivenöl ‖ 3 Knoblauchzehen, zerdrückt ‖ 1 Zwiebel, fein gehackt ‖ 2 Auberginen, in 1 cm großen Würfeln ‖ 2 Zucchini, in 1 cm großen Würfeln ‖ 2 rote Paprikaschoten, entkernt und in 1 cm große Stücke geschnitten ‖ 400 g gehackte Tomaten aus der Dose ‖ 1 TL Paprikapulver (edelsüß) ‖ 1 TL normaler oder Sandzucker ‖ 1 EL grob gehackte Oreganoblätter, zzgl. ganzer Blätter zum Garnieren ‖ 2 TL Sherry-Essig ‖ Salz und frisch gemahlener schwarzer Pfeffer ‖ 4 pochierte Eier zum Servieren (wahlweise)*

EINS Das Öl in einer großen Pfanne erhitzen, Knoblauch und Zwiebel hineingeben und auf mittlerer Flamme 6–8 Min. unter häufigem Rühren braten. ZWEI Die Hitze erhöhen, die Auberginen dazugeben und unter Rühren 4–5 Min. mitbraten. Zucchini und Paprika hinzufügen und weitere 3–4 Min. unter Rühren braten. DREI Tomaten inkl. Saft unterrühren, Paprikapulver, Zucker, Oregano und Essig hinzufügen, mit Salz und Pfeffer würzen und aufkochen. Die Hitze reduzieren, gut zudecken und 20–25 Min. köcheln lassen. VIER Vom Herd nehmen und 10 Min. ruhen lassen, erst dann servieren. Nach Belieben kann zu jeder Portion ein pochiertes Ei oder ein Spiegelei serviert werden. Mit Oreganoblättern garnieren.

Ergibt 4 Portionen

NÄHRWERTE JE PORTION 634 kJ – 150 kcal – 5 g Protein – 19 g Kohlenhydrate – 14 g Zucker – 7 g Fett – 1 g gesättigte Fettsäuren – 7 g Ballaststoffe – 48 mg Natrium

GESUNDHEITSTIPP Antioxidativ wirkende Anthocyane geben der Aubergine ihre violette Farbe.

Sautierte Pilze mit Petersilie und Knoblauch *Setas salteadas*

Für dieses Rezept können Sie jede Sorte großer, fleischiger Pilze verwenden, beispielsweise Wiesenchampignons. In Spanien wird dieses Gericht als erster Gang serviert, doch passt es auch toll als Beilage zu Huhn- und Fleischgerichten. Als Vorspeise serviert, gehört auf jeden Fall knuspriges Brot dazu.

ZUTATEN *500 g große Pilze* ‖ *4 EL Olivenöl* ‖ *3 Knoblauchzehen, fein gehackt* ‖ *4 EL fein gehackte glatte Petersilie* ‖ *3 EL frische Weißbrotkrumen* ‖ *Salz und frisch gemahlener schwarzer Pfeffer*

EINS Die Pilze halbieren, vierteln oder in feine Scheiben schneiden. Das Öl in einer großen Pfanne erhitzen, Pilze, Knoblauch und Petersilie hineingeben und auf mittlerer Flamme unter häufigem Rühren 6–8 Min. braten, bis die Pilze leicht gebräunt sind und ihre Flüssigkeit abgegeben haben. ZWEI Die Brotkrumen unterrühren, mit Salz und Pfeffer abschmecken und gut verrühren. Sofort servieren.

Ergibt 4 Portionen

NÄHRWERTE JE PORTION 615 kJ – 148 kcal – 4 g Protein – 7 g Kohlenhydrate – 1 g Zucker – 12 g Fett – 2 g gesättigte Fettsäuren – 4 g Ballaststoffe – 73 mg Natrium

GESUNDHEITSTIPP Pilze liefern Kalium, das positive Effekte bei Bluthochdruck erzielt.

Spinatfladenbrot mit Tomaten und Pinienkernen

Coca d'espinacas Ein typisches Brot aus der Region der Balearen. Sie können es mit einer ganzen Reihe verschiedener Zutaten belegen und auch die Form können Sie Ihrem Wunsch entsprechend wählen.

ZUTATEN *150 g backstarkes Mehl (z.B. Type 550), zzgl. etwas zum Bestäuben* ‖ *8 g Instant-Trockenhefe* ‖ *1 EL sehr fein gehackter Rosmarin* ‖ *1 TL Meersalz* ‖ *2 TL Olivenöl, zzgl. etwas zum Einölen und Beträufeln* ‖ *125 ml lauwarmes Wasser* ‖ *frisch gemahlener schwarzer Pfeffer*

BELAG *100 g junge Spinatblätter, grob gehackt* ‖ *1 kleine Zwiebel, halbiert und in feine Streifen geschnitten* ‖ *2 Knoblauchzehen, in feinen Scheiben* ‖ *200 g kleine Kirschtomaten* ‖ *1 EL Pinienkerne*

EINS Das Mehl mit der Hefe, Rosmarin und Salz in eine Schüssel geben. Nach Geschmack mit Pfeffer würzen. In die Mitte eine Mulde drücken, das Öl und das lauwarme Wasser in die Mulde gießen. Gut verrühren und auf einer leicht bemehlten Fläche 6–8 Min. zu einem weichen elastischen Teig verkneten. ZWEI Zu einer Kugel formen und in eine leicht geölte Schüssel legen. Abdecken und an einem warmen Ort 1 Std. bis zur doppelten Größe aufgehen lassen. DREI Die Teigkugel auf eine bemehlte Arbeitsfläche legen und flach drücken. Mit einem Nudelholz zu einem 1 cm dicken Rechteck (25 x 20 cm) ausrollen und auf ein beschichtetes Backblech geben. VIER Den Spinat auf dem Teig verteilen und Zwiebel, Knoblauch und Tomaten darauf verstreuen. Mit etwas Öl beträufeln, mit Salz und Pfeffer würzen und mit den Pinienkernen bestreuen. FÜNF Im vorgeheizten Ofen (220 °C, Gas Stufe 7) 12–15 Min. backen, bis das Brot etwas aufgegangen und goldbraun ist. In Rechtecke schneiden und warm oder bei Zimmertemperatur servieren.

Ergibt 4 Portionen

NÄHRWERTE JE PORTION 765 kJ – 180 kcal – 6 g Protein – 32 g Kohlenhydrate – 3 g Zucker – 4 g Fett – 1 g gesättigte Fettsäuren – 4 g Ballaststoffe – 534 mg Natrium

GESUNDHEITSTIPP Dieses äußerst nährstoffreiche Fladenbrot hat einen niedrigen Fettgehalt. Kirschtomaten sind eine großartige Quelle für Vitamin C und Beta-Carotin und enthalten außerdem mehr Ballaststoffe als größere Tomaten, da der Anteil Haut im Verhältnis zum Fruchtfleisch sehr viel größer ist.

Fleisch und Geflügel

Wachteln mit Pinienkernen und Sultaninen *Codorniz con pasas de esmirna y piñones*

Diese zierlichen, kleinen Vögel passen gut zum Grillgemüse-Salat *(Seite 90)* und zu gedämpftem grünen Gemüse Ihrer Wahl.

ZUTATEN *50 g Sultaninen* ‖ *2 Wachteln, je 150–200 g* ‖ *3 EL Olivenöl* ‖ *25 g Pinienkerne* ‖ *50 ml Sherry Fino* ‖ *Salz und frisch gemahlener schwarzer Pfeffer*

EINS Die Sultaninen in einer Schüssel mit heißem Wasser ca. 1 Std. quellen lassen. ZWEI In der Zwischenzeit die Wachteln auf ein Backblech legen und rundherum mit 2 EL des Öls einreiben. Mit Salz und Pfeffer würzen und im vorgeheizten Ofen (190 °C, Gas Stufe 5) 15–20 Min. braten, bis sie gar, zart und goldbraun sind. Aus dem Ofen nehmen und auf eine vorgewärmte Servierplatte geben. Mit Folie abdecken und an einem warmen Ort ruhen lassen. DREI Das restliche Öl in einer kleinen Pfanne erhitzen. Die Sultaninen abgießen, mit den Pinienkernen in die Pfanne geben und unter Rühren 2–3 Min. braten. Den Sherry hinzufügen und unter Rühren 1 Min. kochen. Den Sud mit einem Löffel über die Wachteln geben und sofort servieren.

Ergibt 2 Portionen

NÄHRWERTE JE PORTION 2044 kJ – 490 kcal – 30 g Protein – 18 g Kohlenhydrate – 18 g Zucker – 31 g Fett – 4 g gesättigte Fettsäuren – 2 g Ballaststoffe – 80 mg Natrium

GESUNDHEITSTIPP Wie die meisten Nüsse sind Pinienkerne eine gute Quelle für das antioxidativ wirkende Vitamin E. Vitamin E schützt vor Herz- und Krebserkrankungen.

Huhn mit Orangen und Minze *Pollo con naranja y menta*

Minze und frisch gepresster Orangensaft aromatisieren dieses Hühnchengericht, aus dem ein außergewöhnliches Mittagessen wird, wenn man es mit sautierten Kartoffeln und einem Salat serviert. Geröstete rote Paprika in Vinaigrette *(Seite 68)* oder Oliven-Reis-Salat *(Seite 66)* passen besonders gut.

ZUTATEN *4 Hühnerbrüste (ohne Haut und Knochen), je 200 g ‖ 3 EL Olivenöl ‖ 150 ml frisch gepresster Orangensaft ‖ 2 EL gehackte Minzeblätter, zzgl. einige Blätter zum Garnieren ‖ 1 EL Butter ‖ Salz und frisch gemahlener schwarzer Pfeffer ‖ Orangenscheiben zum Garnieren*

EINS Die Hühnerbrüste salzen und pfeffern. Das Öl in einer großen, beschichteten Pfanne erhitzen, die Hühnerbrüste hineingeben und jede Seite auf mittlerer Flamme 2–3 Min. braten, bis sie goldbraun sind. ZWEI Den Orangensaft hineingießen und zum Köcheln bringen. Gut zudecken, die Hitze stark reduzieren und 8–10 Min. köcheln lassen. DREI Minze und Butter unterrühren. Auf großer Flamme 2 Min. unter Rühren einkochen. VIER Mit gehackter Minze und Orangenscheiben garnieren und sofort servieren.

Ergibt 4 Portionen

NÄHRWERTE JE PORTION 1454 kJ – 347 kcal – 44 g Protein – 3 g Kohlenhydrate – 3 g Zucker – 18 g Fett – 5 g gesättigte Fettsäuren – 0 g Ballaststoffe – 173 mg Natrium

GESUNDHEITSTIPP Orangensaft enthält viel Vitamin C, obwohl ein Teil durch das Kochen verloren geht, da das Vitamin sehr hitzeempfindlich ist. Vor allem ohne Haut ist Hühnerfleisch eine fettarme Alternative.

Hühnereintopf mit Kichererbsen

Cocido madrileño Der Name *Cocido* bezeichnet einen auf Hülsenfrüchten basierenden Eintopf. Diese Variante mit Kichererbsen und Hühnchen stammt aus Madrid und wird normalerweise als Mittagsmahl gereicht.

ZUTATEN *350 g getrocknete Kichererbsen ‖ 1,5 kg ganze Hähnchenkeulen (Ober- und Unterkeule) ohne Haut ‖ 2 l Wasser ‖ 1 ganze Knoblauchknolle ‖ 100 g Serrano-Schinken, gehackt ‖ 1 EL Paprikapulver (edelsüß) ‖ 1 große Zwiebel, grob gehackt ‖ 2 große Karotten, grob gehackt ‖ 4 Stangen Staudensellerie, grob gehackt ‖ 100 g fein geraspelter Weißkohl ‖ Salz und frisch gemahlener schwarzer Pfeffer*

EINS Die Kichererbsen über Nacht in reichlich Wasser einweichen. Abgießen, abspülen und in einen großen Topf mit schwerem Boden füllen. Keulen und Wasser dazugeben, zum Kochen bringen und den Schaum von der Oberfläche schöpfen. ZWEI Die restlichen Zutaten mit Ausnahme des Kohls hinzufügen und nochmals aufkochen. Die Hitze stark reduzieren, gut zudecken und 1 1/2 Std. köcheln lassen. Die Kichererbsen sollten weich sein, und das Fleisch sollte sich von den Knochen lösen. DREI Erst jetzt mit Salz und Pfeffer würzen (die Kichererbsen bleiben hart, wenn man Salz dazugibt, bevor sie weich sind) und den Kohl hinzufügen. Aufkochen und 6–8 Min. kochen. In vorgewärmte Schüsseln füllen und sofort servieren.

Ergibt 4 Portionen

NÄHRWERTE JE PORTION 2419 kJ – 575 kcal – 56 g Protein – 54 g Kohlenhydrate – 10 g Zucker – 17 g Fett – 4 g gesättigte Fettsäuren – 15 g Ballaststoffe – 700 mg Natrium

GESUNDHEITSTIPP Kichererbsen sind reich an Eisen und Ballaststoffen und außerdem eine gute Proteinquelle. Karotten sind wegen ihres Beta-Carotingehalts wertvoll, das vom Körper zu Vitamin A umgewandelt wird.

Lamm mit Zitrone und Knoblauch *Cochifrito*

Dieser einfache und köstliche Lammeintopf kommt aus Aragonien, der nordöstlichen Region Spaniens. Der Zitronensaft bringt das volle Aroma des Lamms hervor, das durch Zugabe von Knoblauch und frischer Petersilie noch verfeinert wird. Mit 'Spinat nach katalanischer Art' *(Seite 86)* servieren.

ZUTATEN *875 g mageres Lammfleisch (ohne Knochen), in mundgerechten Stücken* ‖ *2 EL Olivenöl* ‖ *4 Knoblauchzehen, zerdrückt* ‖ *1 Zwiebel, fein gehackt* ‖ *1 EL Paprikapulver (edelsüß)* ‖ *3 EL Zitronensaft* ‖ *4 EL fein gehackte glatte Petersilie, zzgl. etwas zum Garnieren* ‖ *100 ml gekaufte oder selbst gemachte Gemüse- oder Hühnerbrühe (Seiten 16–17)* ‖ *Salz und frisch gemahlener schwarzer Pfeffer* ‖ *fein geriebene Zitronenschale zum Garnieren*

EINS Das Lamm salzen und pfeffern. Das Öl in einer großen, beschichteten Pfanne auf mittlerer Flamme erhitzen. Das Lamm hineingeben und unter häufigem Wenden 6–8 Min. braten, bis es rundherum gebräunt ist. ZWEI In eine hitzefeste Kasserolle mit schwerem Boden umfüllen. Knoblauch, Zwiebel, Paprikapulver, Zitronensaft, Petersilie und Brühe hinzufügen. Gut zudecken und auf kleiner Flamme 1 1/2Std. köcheln lassen, bis das Lamm weich ist. Mit fein gehackter Petersilie und geriebener Zitronenschale garnieren und sofort servieren.

Ergibt 4 Portionen

NÄHRWERTE JE PORTION 1779 kJ – 425 kcal – 47 g Protein – 4 g Kohlenhydrate – 2 g Zucker – 25 g Fett – 10 g gesättigte Fettsäuren – 1 g Ballaststoffe – 196 mg Natrium

GESUNDHEITSTIPP Lamm kann je nach Fleischstück relativ viel Fett enthalten. Um den Fettgehalt dieses Gerichts niedrig zu halten, verwenden Sie mageres Keulenfleisch und entfernen Sie das sichtbare Fett.

Gefülltes Brathähnchen *Pollo relleno*

Dieses deliziöse Gericht eignet sich mit Kartoffelpüree und einem grünen oder gemischten Salat ideal als Hauptteil eines Sonntagsmahles. Auch 'Sautierte Pilze' *(Seite 96)* oder 'Spargel mit Zitronen-Mayonnaise' *(Seite 94)* passen ausgezeichnet. Das beste Ergebnis erzielen Sie mit einem Hähnchen, das mit Mais gefüttert wurde.

ZUTATEN ***1 Hähnchen, ca. 1,5 kg* ‖ *Olivenöl zum Bepinseln* ‖ *Salz und frisch gemahlener schwarzer Pfeffer***

FÜLLUNG ***100 g Chorizo, gehackt* ‖ *100 g mageres Schweinehackfleisch* ‖ *4 EL gehackte glatte Petersilie* ‖ *4 Knoblauchzehen, zerdrückt* ‖ *eine Prise geriebene Muskatnuss* ‖ *2 EL fein gehackte Zwiebel* ‖ *1 EL gehackte Oreganoblätter* ‖ *fein geriebene Schale und Saft einer Zitrone* ‖ *1 Ei, verquirlt***

EINS Für die Füllung alle Zutaten in eine Schüssel geben, mit Salz und Pfeffer würzen und mit den Fingern gründlich mischen. ZWEI Die Füllung in das Hähnchen stopfen und die Schenkel mit einem Faden zusammenbinden. Das Hähnchen auf ein Backblech legen, mit etwas Öl bepinseln und mit Salz und Pfeffer würzen. DREI Im vorgeheizten Ofen (200 °C, Gas Stufe 6) 30 Min. braten. Die Ofentemperatur reduzieren (auf 160 °C bzw. Gas Stufe 3) und weitere 30–35 Min. braten, bis klarer Saft heraustritt, wenn man das Hähnchen einsticht. VIER Aus dem Ofen nehmen, mit Folie abdecken und an einem warmen Ort 10–15 Min. ruhen lassen. Das Hähnchen zerlegen und zu jeder Portion Fleisch etwas Füllung servieren.

Ergibt 4 Portionen

NÄHRWERTE JE PORTION 2620 kJ – 630 kcal – 58 g Protein – 3 g Kohlenhydrate – 2 g Zucker – 43 g Fett – 13 g gesättigte Fettsäuren – 1 g Ballaststoffe – 350 mg Natrium

GESUNDHEITSTIPP Der größte Teil des Fettes ist beim Huhn in der Haut enthalten. Um den Fettgehalt des Gerichts zu reduzieren, kann man das sich während des Bratens auf dem Blech ansammelnde Fett abgießen.

Ente nach baskischer Art *Pato a la Vasca*

Die baskische Küche ist bekannt für ihre Vorzüglichkeit und bringt oftmals die einfachsten und gleichzeitig köstlichsten Gerichte Spaniens hervor. Dieses Rezept ist ein Paradebeispiel dafür.

ZUTATEN *4 große Entenbrüste, je ca. 275 g ‖ 1 TL Paprikapulver (edelsüß) ‖ eine Prise gemahlene Nelken ‖ 1 TL gemahlener Zimt ‖ 3 EL Olivenöl ‖ 6 Frühlingszwiebeln, fein gehackt ‖ 2 Knoblauchzehen, zerdrückt ‖ 2 EL Mehl ‖ 100 ml süßen Sherry ‖ 200 ml gekaufte oder selbst gemachte Hühnerbrühe* (Seite 17) *‖ 4 EL fein gehackter Estragon, zzgl. einem Zweig zum Garnieren ‖ 1 Thymianzweig ‖ Salz und frisch gemahlener schwarzer Pfeffer*

EINS Die Ente mit den Gewürzen einreiben und mit Salz und Pfeffer würzen. ZWEI Das Öl in einer großen Pfanne stark erhitzen und die Ente 2–3 Min. von jeder Seite hellbraun anbraten. Mit einem Schaumlöffel auf ein Backblech geben und im vorgeheizten Ofen (180 °C, Gas Stufe 4) 15–20 Min. backen. DREI In der Zwischenzeit Frühlingszwiebeln und Knoblauch in die Pfanne geben und 1–2 Min. unter Rühren anbraten. Das Mehl 30–40 Sek. lang unterrühren. Den Sherry zugießen und 1–2 Min. köcheln lassen, dann die Brühe hinzufügen. Unter Rühren aufkochen, die Hitze reduzieren, die Kräuter dazugeben und weitere 4–5 Min. köcheln lassen. VIER Die Ente aus dem Ofen nehmen und in die Pfanne geben. In der Sauce wenden, nach Belieben nachwürzen und mit einem Estragonzweig garniert sofort servieren.

Ergibt 4 Portionen

NÄHRWERTE JE PORTION 1069 kJ – 256 kcal – 17 g Protein – 11 g Kohlenhydrate – 2 g Zucker – 14 g Fett – 3 g gesättigte Fettsäuren – 0 g Ballaststoffe – 90 mg Natrium

GESUNDHEITSTIPP Ente ist sehr fettreich, wobei der Großteil des Fetts in und direkt unter der Haut steckt und während des Bratens austritt. Heben Sie die Ente mit einem Schaumlöffel aus dem Backblech, sodass so wenig Fett wie möglich mit in die Pfanne gelangt.

Schweinelende a la Madrileña *Lomo a la Madrileña*

In diesem einfachen Rezept wird magere Schweinelende mit Kräutern und Gewürzen mariniert und anschließend einfach gegrillt. Mit gedämpftem grünen Gemüse oder 'Grünen Bohnen nach spanischer Art' *(Seite 81)* und Salzkartoffeln servieren.

ZUTATEN *3 Knoblauchzehen, zerdrückt* ‖ *1 EL Paprikapulver (edelsüß)* ‖ *1 TL getrockneter Oregano* ‖ *1 TL gehackte Thymianblätter* ‖ *2 EL Olivenöl* ‖ *500 g Schweinelende* ‖ *Salz und frisch gemahlener schwarzer Pfeffer*

EINS Knoblauch, Paprikapulver, Oregano, Thymian und Öl in einer kleinen Schüssel vermengen und mit Salz und Pfeffer abschmecken. **ZWEI** Das Fleisch in eine flache Schale geben und rundherum mit der Marinade einreiben. Mit Frischhaltefolie abdecken und über Nacht im Kühlschrank marinieren. Das Fleisch gelegentlich wenden. **DREI** Das Fleisch aus dem Kühlschrank nehmen und auf Zimmertemperatur erwärmen lassen. Anschließend in 1,5 cm dicke Scheiben schneiden. **VIER** Das Öl in einer Grillpfanne auf großer Flamme erhitzen bis es raucht, die Fleischstücke portionsweise hineingeben und von beiden Seiten etwa 2–3 Min. braten, nach Wunsch auch etwas länger. Aus der Pfanne nehmen und, solange das restliche Fleisch gebraten wird, warm stellen. Heiß servieren.

Ergibt 4 Portionen

NÄHRWERTE JE PORTION 987 kJ – 237 kcal – 26 g Protein – 1 g Kohlenhydrate – 0 g Zucker – 15 g Fett – 4 g gesättigte Fettsäuren – 0 g Ballaststoffe – 70 mg Natrium

GESUNDHEITSTIPP Obwohl dieses Fleisch von Fett durchzogen ist, das ihm Textur und Geschmack verleiht, ist Schweinefleisch heutzutage lange nicht mehr so fett wie früher. Wählen Sie ein mageres Stück aus und entfernen Sie die sichtbaren Fettstreifen.

Paprika-Hähnchen *Pollo chilindrón*

Dieses Hähnchengericht stammt ursprünglich aus Aragonien, dem Nordosten Spaniens, doch heute ist es überall im Lande zu finden – der Beweis dafür, wie köstlich und beliebt es ist! Servieren Sie es mit Reis oder Kartoffelpüree und mit 'Blumenkohl mit Knoblauch' *(Seite 80).*

ZUTATEN *4 EL Olivenöl* ‖ *1 kg Hähnchenschenkel ohne Haut* ‖ *4 Knoblauchzehen, zerdrückt* ‖ *1 Zwiebel, fein gehackt* ‖ *50 g Serrano-Schinken, gewürfelt* ‖ *3 rote Paprika, entkernt und in dünnen Streifen* ‖ *400 g gehackte Tomaten aus der Dose* ‖ *1 Thymianzweig* ‖ *1 Lorbeerblatt* ‖ *Salz und frisch gemahlener schwarzer Pfeffer* ‖ *gehackte glatte Petersilie zum Garnieren*

EINS Das Öl in einer großen flachen hitzebeständigen Kasserolle mit schwerem Boden erhitzen. Hähnchenschenkel, Knoblauch und Zwiebel hineingeben und auf mittlerer Flamme 4–5 Min. braten, bis das Fleisch rundherum goldbraun ist. Dabei mehrfach wenden. ZWEI Schinken und Paprika hinzufügen und 1–2 Min. unter Rühren mitbraten. DREI Tomaten inkl. Saft, Thymianzweig und Lorbeerblatt hinzufügen und aufkochen. Die Hitze stark reduzieren, gut zudecken und 1 1/2 Std. köcheln lassen, bis das Fleisch sehr zart ist. VIER Salzen und pfeffern, mit gehackter Petersilie garnieren und servieren.

Ergibt 4 Portionen

NÄHRWERTE JE PORTION 1535 kJ – 368 kcal – 34 g Protein – 10 g Kohlenhydrate – 9 g Zucker – 21 g Fett – 5 g gesättigte Fettsäuren – 3 g Ballaststoffe – 427 mg Natrium

GESUNDHEITSTIPP Die Zugabe vom Serrano-Schinken zum Hähnchen erhöht den Natriumgehalt in diesem Gericht. Deshalb sollten Sie die Sauce vor dem Salzen unbedingt kosten.

Valencianische Paella *Paella a la Valenciana*

Die Grundzutaten dieses typisch spanischen Mittagsgerichtes sind Reis, Safran und Wasser. Der Rest kann beliebig abgewandelt werden. Diese stark vereinfachte Version enthält Huhn und Chorizo, doch Garnelen, Mies- und Venusmuscheln und sogar Schnecken sind weitere Favoriten unter den möglichen Zutaten.

ZUTATEN *1 kg Hähnchenschenkel (ohne Haut), in großen Stücken ‖ 4 EL Olivenöl ‖ 200 g Chorizo, in 5 mm dünnen Scheiben ‖ 2 Zwiebeln, fein gehackt ‖ 4 Knoblauchzehen, gehackt ‖ 2 rote Paprika, entkernt und fein gehackt ‖ 700 g Paella Reis, z.B. Calasparra oder Bomba ‖ 3 EL fein gehackte glatte Petersilie, zzgl. etwas zum Garnieren ‖ 1 Lorbeerblatt ‖ eine Prise Safranfäden ‖ 1,5 l gekaufte oder hausgemachte Hühnerbrühe* (Seite 17) ‖ *100 g frische oder tiefgekühlte Erbsen ‖ 100 g geschälte frische oder tiefgekühlte Saubohnen ‖ Salz und frisch gemahlener schwarzer Pfeffer*

EINS Das Hähnchenfleisch mit Küchenpapier trocken tupfen und mit Salz und Pfeffer würzen. Das Öl in einer Paellera oder einer flachen hitzefesten Kasserolle mit schwerem Boden auf mittelgroßer Flamme erhitzen. Das Fleisch unter häufigem Wenden 4–5 Min. braten, bis es rundherum goldbraun ist. Mit einem Schaumlöffel auf einen Teller geben und warm stellen. ZWEI Die Chorizo mit den Zwiebeln, Knoblauch und Paprika in die Paellera geben und 4–5 Min. unter häufigem Rühren anbraten. DREI Das Hähnchenfleisch inkl. der ausgetretenen Flüssigkeit in die Paellera zurückgeben. Reis, Petersilie, Lorbeerblatt und Safran hineingeben. Brühe, Erbsen und Bohnen unterrühren und langsam zum Simmern bringen. VIER Zunächst auf kleiner Flamme 12–15 Min. unbedeckt, dann weitere 12–15 Min. bedeckt auf kleinster Flamme köcheln, bis der Reis weich ist und die Flüssigkeit vollständig absorbiert wurde. FÜNF Die Paellera vom Herd nehmen und 10 Min. bedeckt ruhen lassen, bevor Sie die Paella mit gehackter Petersilie garniert servieren.

Ergibt 4–6 Portionen

NÄHRWERTE JE PORTION 3145 kJ – 746 kcal – 33 g Protein – 113 g Kohlenhydrate – 7 g Zucker – 21 g Fett – 6 g gesättigte Fettsäuren – 5 g Ballaststoffe – 277 mg Natrium

GESUNDHEITSTIPP Reis und Fleisch ergeben hier ein nahrhaftes Mahl, das reich an Proteinen ist und nur wenig Fett enthält. Saubohnen und Erbsen sind gute Quellen für Ballaststoffe, während Paprika und Zwiebeln Antioxidantien liefern.

Hase mit Wildpilzen *Conejo con setas silvestres*

Hase ist in der spanischen Küche eine beliebte Zutat, genauso wie Wildpilze, die in der Natur gesammelt werden – besonders verbreitet sind die flachen, braunen *Rovellones.* In diesem reichhaltigen Eintopf ergeben die in kräftigem Rotwein gekochten Zutaten eine unvergessliche Mischung.

ZUTATEN *3 EL Olivenöl ‖ 1 ganzer Hase, ca. 1 kg, in große Stücke geschnitten ‖ 2 Zwiebeln, fein gehackt ‖ 4 Knoblauchzehen, fein gehackt ‖ 200 g Serrano-Schinken, in Scheiben ‖ 300 ml Rioja oder ein anderer robuster Wein ‖ 250 g Wildpilze, in groben Scheiben ‖ Salz und frisch gemahlener schwarzer Pfeffer ‖ Petersilie, fein gehackt, zum Garnieren*

EINS Das Öl in einer großen hitzefesten Kasserolle auf mittelgroßer Flamme erhitzen. Den Hasen hineingeben und unter häufigem Wenden 4–5 Min. braten, bis er rundherum gebräunt ist. Mit einem Schaumlöffel auf einen Teller geben und warm stellen. ZWEI Zwiebeln und Knoblauch in die Kasserolle geben und auf kleiner Flamme unter häufigem Rühren 5–6 Min braten, bis die Zwiebeln weich sind. DREI Die Flamme vollständig hochdrehen, den Schinken hineingeben und 3–4 Min. unter Rühren braten. Den Hasen inkl. der ausgetretenen Flüssigkeit in die Kasserolle zurückgeben. Mit dem Wein übergießen, salzen, pfeffern und aufkochen. Die Hitze reduzieren, gut zudecken und 40 Min. köcheln lassen. VIER Die Pilze hinzufügen und alles gut vermischen. Nochmals zudecken und weitere 12–15 Min. kochen. Sofort mit gehackter Petersilie garniert servieren.

Ergibt 4 Portionen

NÄHRWERTE JE PORTION 1943 kJ – 319 kcal – 50 g Protein – 7 g Kohlenhydrate – 5 g Zucker – 21 g Fett – 6 g gesättigte Fettsäuren – 3 g Ballaststoffe – 1117 mg Natrium

GESUNDHEITSTIPP Der fettarme Hase stellte früher einen preiswerten Hühnerfleischersatz dar, doch inzwischen genießt er einen besseren Ruf und gilt als sehr schmackhaft. Durch den Serrano-Schinken wird der Natriumgehalt beträchtlich erhöht, weshalb Sie die Sauce unbedingt kosten sollten, bevor Sie Salz hinzufügen.

Eier mit Chorizo, Schinken und Spargel *Huevos a la Flamenca*

Dieses wohlbekannte, andalusische Gericht aus Sevilla ist ein farbenprächtiger Augenschmaus und ein willkommenes Mittag- oder Abendessen.

ZUTATEN *2 EL Olivenöl ‖ 1 Zwiebel, fein gehackt ‖ 3 Knoblauchzehen, fein gehackt ‖ 400 g gehackte Tomaten aus der Dose ‖ 1 TL normaler oder Sandzucker ‖ 1 TL Paprikapulver (edelsüß) ‖ 2 Paprika aus dem Glas, abgetropft und in breite Streifen geschnitten ‖ 12 Spargelspitzen ‖ 100 g frische oder tiefgekühlte Erbsen ‖ 4 Eier ‖ 100 g Chorizo, grob gehackt ‖ 100 g Serrano-Schinken, fein gewürfelt ‖ Salz und frisch gemahlener schwarzer Pfeffer ‖ Petersilie, fein gehackt, zum Garnieren*

EINS Das Öl in einer großen Pfanne erhitzen. Zwiebel und Knoblauch hineingeben und auf mittlerer Flamme 10 Min. dünsten, bis die Zwiebel weich ist. Die Tomaten inkl. Saft, Zucker und Paprikapulver hinzufügen und auf großer Flamme 10 Min. kochen. Gelegentlich rühren. Mit Salz und Pfeffer abschmecken und in eine flache runde hitzebeständige Form (Ø 25 cm) umfüllen. ZWEI Paprika, Spargel und Erbsen unterrühren. Anschließend 4 Mulden in die Mischung drücken und je ein Ei hineingeben. DREI Im vorgeheizten Ofen (200 °C, Gas Stufe 6) 8–10 Min. backen, bis die Eier gestockt sind. Aus dem Ofen nehmen und warm stellen. VIER Eine trockene Pfanne sehr stark erhitzen, Chorizo und Schinken hineingeben und auf großer Flamme unter Rühren 4–5 Min. braun und knusprig braten. Mit einem Löffel über dem Gemüse verteilen und mit gehackter Petersilie garniert sofort servieren.

Ergibt 4 Portionen

NÄHRWERTE JE PORTION 1330 kJ – 319 kcal – 22 g Protein – 15 g Kohlenhydrate – 12 g Zucker – 19 g Fett – 5 g gesättigte Fettsäuren – 5 g Ballaststoffe – 740 mg Natrium

GESUNDHEITSTIPP Eier enthalten Cholesterin, sind aber nährstoffreich und können in moderaten Mengen unbedenklich verzehrt werden. Spargel ist eine gute Quelle für Folsäure, die im Körper für die Zellteilung (Neubildung von Zellen) notwendig ist.

Linsen-Chorizo-Eintopf *Lentejas*

Braune Linsen, die nicht vorher eingeweicht werden müssen, werden in Spanien in vielen Suppen und Salaten verwendet, aber vor allem in Eintöpfen wie diesem. Ein einfach zubereitetes und sättigendes Gericht. Mit knusprigem Brot servieren.

ZUTATEN *250 g braune Linsen, gespült und abgetropft* ‖ *1 Stange Porree, geputzt und in feinen Ringen* ‖ *2 Zwiebeln, fein gehackt* ‖ *2 Karotten, fein gewürfelt* ‖ *2 Knoblauchzehen, fein gehackt* ‖ *250 g Chorizo, fein gehackt oder in Scheiben* ‖ *1 EL Paprikapulver (edelsüß)* ‖ *2 EL Olivenöl* ‖ *Salz und frisch gemahlener schwarzer Pfeffer*

EINS Die Linsen in einen großen Topf füllen und mit kaltem Wasser bedecken (ca. 500 ml). Porree, eine Zwiebel, die Karotten, Knoblauch, Chorizo und Paprikapulver hinzufügen und mit Salz und Pfeffer würzen. Die Hälfte des Öls hineingeben und langsam zum Köcheln bringen. ZWEI Zudecken und auf kleiner Flamme 40–45 Min. kochen, bis die Linsen gar sind. Die Mischung sollte recht dick sein. DREI In der Zwischenzeit das restliche Öl in einer kleinen Pfanne erhitzen. Die Zwiebel hineingeben und auf mittlerer Flamme unter häufigem Rühren 10–12 Min. hellbraun braten. Unter die Linsen rühren und sofort servieren.

Ergibt 4 Portionen

NÄHRWERTE JE PORTION 1983 kJ – 473 kcal – 28 g Protein – 44 g Kohlenhydrate – 11 g Zucker – 22 g Fett – 7 g gesättigte Fettsäuren – 8 g Ballaststoffe – 380 mg Natrium

GESUNDHEITSTIPP Linsen sind eine gute Proteinquelle und enthalten bedeutende Mengen Eisen. Eisenmangel ist eine der am häufigsten zu beobachtenden Mangelerscheinungen. Während des Wachstums, in einer Schwangerschaft und nach Blutverlusten ist der Eisenbedarf erhöht, achten Sie in dieser Zeit besonders auf eine ausreichende Eisenzufuhr.

Nudeln nach katalanischer Art *Fideos a la Catalana*

Das spanische Wort *Fideos* bezeichnet die ursprünglich von den Mauren in Katalonien eingeführten kurzen dünnen Nudeln, die den italienischen Vermicelli ähneln. In diesem Rezept zaubern Sie mit würziger frischer Bratwurst, Knoblauch, Zwiebeln und Tomaten einen wundervoll herzhaften Hauptgang.

ZUTATEN ***4 EL Olivenöl* ‖ *625 g frische Bratwurst* ‖ *1 große Zwiebel, fein gehackt* ‖ *4 Knoblauchzehen, fein gehackt* ‖ *400 g Tomaten aus der Dose* ‖ *1 TL Paprikapulver (edelsüß)* ‖ *250 g Fideos oder Vermicelli* ‖ *1 l gekaufte oder hausgemachte Hühner- oder Gemüsebrühe*** *(Seite 16–17)* ‖ ***Salz und frisch gemahlener schwarzer Pfeffer* ‖ *gehackte glatte Petersilie***

EINS Die Hälfte des Öls in einer flachen hitzefesten Kasserolle oder in einer Pfanne mit Deckel und backofenfestem Griff erhitzen (Ø 25 cm). Die Würste hineingeben und auf mittelgroßer Flamme 3–4 Min. braten, bis sie rundherum gebräunt sind. Mit einem Schaumlöffel herausnehmen und beiseite stellen. **ZWEI** Das restliche Öl in einer Pfanne erhitzen. Zwiebel und Knoblauch hineingeben und auf kleiner Flamme unter gelegentlichem Rühren 10 Min. weich braten. Die Tomaten inkl. Saft und Paprikapulver hinzufügen und auf mittlerer Flamme unter Rühren 3–4 Min. kochen. Die Würste zusammen mit den Nudeln und der Brühe in die Pfanne zurückgeben. Mit Salz und Pfeffer würzen, alles gut verrühren und aufkochen. **DREI** Die Kasserolle oder Bratpfanne zudecken und für 20–25 Min. in den vorgeheizten Ofen (190 °C, Gas Stufe 5) stellen, bis die meiste Flüssigkeit absorbiert wurde. **VIER** Aus dem Ofen nehmen, mit gehackter Petersilie garnieren und direkt aus der Kasserolle oder Pfanne servieren.

Ergibt 4 Portionen

NÄHRWERTE JE PORTION 2814 kJ – 670 kcal – 23 g Protein – 66 g Kohlenhydrate – 10 g Zucker – 37 g Fett – 11 g gesättigte Fettsäuren – 6 g Ballaststoffe – 1090 mg Natrium

GESUNDHEITSTIPP Die meisten Würste enthalten ziemlich viel Salz, sodass Sie die Nudeln und die Brühe während des Kochens kaum zu salzen brauchen.

Fisch und Meeresfrüchte

Gemüsereis mit Venusmuscheln *Arroz con almejas y vegetales* Cremiger Reis und feine Venusmuscheln ergeben in diesem bunten Gericht mit viel frischem Gemüse eine perfekte Komposition.

ZUTATEN *4 EL Olivenöl ‖ 1 kleine rote Zwiebel, fein gehackt ‖ 1 kleine Stange Porree, in feinen Ringen ‖ 1 Karotte, in 1 cm großen Würfeln ‖ 100 g grüne Bohnen, in 1 cm langen Stücken ‖ 1 große Tomate, gehäutet, entkernt und gewürfelt ‖ 400 g Paella-Reis, z.B. Calasparra oder Bomba ‖ 2 Knoblauchzehen, zerdrückt ‖ 20–25 frische Venusmuscheln, vorbereitet* (Seite 14) *‖ 2 EL Tomatenmark ‖ 1 EL Paprikapulver (edelsüß) ‖ 150 ml trockener Weißwein ‖ 1 EL gehackte glatte Petersilie, zzgl. etwas zum Garnieren ‖ Salz und frisch gemahlener schwarzer Pfeffer*

EINS Die Hälfte des Öls in eine große beschichtete Pfanne geben. Zwiebel, Porree, Karotte und grüne Bohnen hineingeben und auf mittlerer Flamme 6–8 Min. braten. Die Tomate hinzufügen und 2–3 Min. kochen. ZWEI Den Reis spülen und abtropfen. In die Pfanne geben und 2–3 Min. unter Rühren kochen. Reis und Gemüse mit Wasser bedecken. Langsam aufkochen. DREI In der Zwischenzeit das restliche Öl in einem Topf erhitzen, den Knoblauch hineingeben und auf kleiner Flamme 1–2 Min. unter Rühren anbraten. Die abgetropften Venusmuscheln mit Tomatenmark, Paprikapulver, Wein und Petersilie dazugeben. Gut zudecken und auf großer Flamme unter mehrmaligem, kräftigem Schütteln der Pfanne 4–5 Min. kochen, bis sich alle Venusmuscheln geöffnet haben (geschlossene wegwerfen). VIER Die Venusmuscheln zum Reis geben, gut vermischen und in weiteren 8–10 Min. den Reis bissfest garen. Mit Salz und Pfeffer würzen und sofort mit der Petersilie garniert servieren.

Ergibt 4 Portionen

NÄHRWERTE JE PORTION 2320 kJ – 550 kcal – 13 g Protein – 96 g Kohlenhydrate – 6 g Zucker – 13 g Fett – 2 g gesättigte Fettsäure – 5 g Ballaststoffe – 66 mg Natrium

GESUNDHEITSTIPP Venusmuscheln enthalten – abgesehen von den wertvollen Omega-3-Fettsäuren – auch für das allgemeine Wohlbefinden wichtige Mineralstoffe wie etwa Eisen, Zink und Selen.

Schwertmuscheln mit grüner Vinaigrette *Navajas con salsa verde*

Schwertmuscheln, rasch gegart in einer Grillpfanne, und eine für die baskische Region typische grüne Vinaigrette – die *Salsa verde* – sind purer Genuss! Auf Wunsch können die Schwertmuscheln auch durch andere Schalentiere ersetzt werden, beispielsweise Mies- oder Venusmuscheln oder durch Austern.

ZUTATEN *12 frische Schwertmuscheln, vorbereitet* *(Seite 14)*

SALSA VERDE *4 Frühlingszwiebeln, sehr fein gehackt* ‖ *5 EL fein gehackte glatte Petersilie* ‖ *2 Knoblauchzehen, zerdrückt* ‖ *1 EL Sherry-Essig* ‖ *4 EL Olivenöl* ‖ *1 TL gehackte grüne Chilischote* ‖ *Salz und frisch gemahlener schwarzer Pfeffer*

EINS Für die Salsa alle Zutaten in den Mixer oder die Küchenmaschine füllen, mit Salz und Pfeffer würzen und mixen, bis alles gut verbunden ist. Zudecken und beiseite stellen. ZWEI Eine große Grillpfanne mit schwerem Boden erhitzen, bis es raucht. Die abgetropften Muscheln hineingeben und im eigenen Dampf kochen lassen, bis sich alle geöffnet haben (geschlossene wegwerfen). DREI Vom Herd nehmen und das Fleisch aus den Schalen lösen. In Stücke schneiden und mit der *Salsa verde* servieren.

Ergibt 4 Portionen

NÄHRWERTE JE PORTION 786 kJ – 194 kcal – 16 g Protein – 4 g Kohlenhydrate – 0 g Zucker – 12 g Fett – 2 g gesättigte Fettsäure – 0 g Ballaststoffe – 70 mg Natrium

GESUNDHEITSTIPP Da Muscheln kaum Fett enthalten, stammt der Großteil des Fetts in diesem Gericht vom Olivenöl in der Salsa verde. Olivenöl ist eine gute Quelle für einfach ungesättigte Fettsäuren.

Seeteufel nach galicischer Art *Rape Gallego*

Dieses deliziöse Fischgericht aus Galicien, dem Nordwesten Spaniens, erhält sein feines Aroma vom Safran und den süßen Mandeln. Sie können statt des Seeteufels ein beliebiges festes weißes Fischfilet verwenden. Mit einem gemischten Salat oder einem 'Porreesalat' *(Seite 75)* servieren .

ZUTATEN *800 g Seeteufelfilet, gehäutet ‖ 1 Zwiebel, sehr fein gehackt ‖ Olivenöl zum Beträufeln ‖ 15 ganze blanchierte Mandeln, geröstet und fein gemahlen ‖ 2 Knoblauchzehen, zerdrückt ‖ eine großzügige Prise Safranfäden, zerrieben ‖ 1 EL fein gehackte glatte Petersilie ‖ 2–3 EL Wasser ‖ 250 g frische oder tiefgekühlte Erbsen ‖ Salz und frisch gemahlener Pfeffer*

EINS Den Seeteufel in 8 gleich große Stücke schneiden. Die Zwiebel auf dem Boden einer mittelgroßen hitzefesten Kasserolle verstreuen und den Fisch darauf verteilen. Salzen, pfeffern und mit etwas Öl beträufeln. Gut zudecken und auf mittlerer Flamme 5–6 Min. garen. ZWEI In der Zwischenzeit die gemahlenen Mandeln mit Knoblauch, Safran und Petersilie in eine kleine Schüssel geben, mit dem Wasser auffüllen und zu einer glatten Paste verrühren. DREI Die Mischung über den Fisch geben und die Erbsen hinzufügen. Wieder zudecken und weitere 4–5 Min. kochen, bis der Fisch gar ist. Sofort servieren.

Ergibt 4 Portionen

NÄHRWERTE JE PORTION 1048 kJ – 248 kcal – 37 g Protein – 10 g Kohlenhydrate – 4 g Zucker – 7 g Fett – 1 g gesättigte Fettsäure – 6 g Ballaststoffe – 40 mg Natrium

GESUNDHEITSTIPP Seeteufel ist ein äußerst fettarmer Fisch, d.h. der Großteil des wenigen Fetts in diesem Rezept stammt von den Mandeln und dem Olivenöl. Beide sind reich an einfach ungesättigten Fettsäuren. Zwiebeln und Knoblauch sollen helfen koronare Herzerkrankungen vorzubeugen, da sie das Risiko der Entstehung von Blutgerinnseln reduzieren.

Marinierte Makrelen *Caballa en escabeche* In diesem wunderbar einfachen Rezept werden Makrelenfilets über Nacht in einem Kräuter-Gewürz-Essig eingelegt. Noch besser schmeckt es nach 2–3 Tagen (in einem luftdichten Behälter im Kühlschrank aufbewahren). Statt der Makrele können Sie auch frische Sardinenfilets verwenden.

ZUTATEN *800 g Makrelenfilets ‖ 4 EL Mehl ‖ 1 EL Paprikapulver (edelsüß) ‖ 1 TL Meersalz ‖ 2 EL Olivenöl ‖ 2 Knoblauchzehen, fein gehackt ‖ 1 kleine rote Zwiebel, in Ringe geschnitten ‖ 1 kleine Karotte, fein gewürfelt ‖ 4 EL fein gehackte glatte Petersilie ‖ 1 TL gehackte Oreganoblätter ‖ 1 Lorbeerblatt ‖ 6 schwarze Pfefferkörner ‖ 6 EL Weißweinessig ‖ 4 EL Wasser*

EINS Die Makrelenfilets in große Stücke schneiden. Das Mehl mit dem Paprikapulver auf einem Teller mischen. Den Fisch mit dem gewürzten Mehl bestäuben. ZWEI Das Öl in einer großen beschichteten Pfanne erhitzen. Die Filets hineingeben und von beiden Seiten je 1–2 Min. anbraten. Mit einem Schaumlöffel aus der Pfanne nehmen und in einem flachen Behälter nebeneinander legen. DREI Knoblauch, Zwiebel und Karotte mit Petersilie, Oregano, Lorbeerblatt und Pfefferkörnern in die Pfanne geben. Sherry und Wasser dazugießen und aufkochen. Vom Herd nehmen und über den Fisch gießen. VIER Abkühlen lassen, abdecken und über Nacht im Kühlschrank marinieren.

Ergibt 4 Portionen

NÄHRWERTE JE PORTION 2412 kJ – 580 kcal – 40 g Protein – 19 g Kohlenhydrate – 3 g Zucker – 39 g Fett – 7 g gesättigte Fettsäure – 2 g Ballaststoffe – 760 mg Natrium

GESUNDHEITSTIPP Makrele ist eine besonders gute Quelle für Omega-3-Fettsäuren, die vermutlich die Triglyceride (Blutfette) reduzieren, das Risiko von Blutgerinnseln vermindern und vor koronaren Herzerkrankungen schützen.

Gebackene Sardinen *Sardinas al horno*

Sardinen werden von den Spaniern ganz besonders geschätzt, doch müssen sie absolut frisch und fest sein. Bitten Sie Ihren Fischhändler die Fische zu filetieren aber ganz zu lassen, sodass man sie zum Würzen auf- und wieder zuklappen kann. Hier werden sie in einer würzigen Tomatensauce gebacken. Ob heiß oder lauwarm, stets mit knusprigem Brot servieren.

ZUTATEN *3 EL Olivenöl ‖ 2 Zwiebeln, fein gehackt ‖ 4 Knoblauchzehen, zerdrückt ‖ 1 rote Paprika, entkernt und fein gehackt ‖ 200 g gehackte Tomaten aus der Dose ‖ 1 TL Paprikapulver (rosenscharf) ‖ eine großzügige Prise Safranfäden ‖ 1/2 TL gemahlener Kreuzkümmel ‖ 1 Lorbeerblatt ‖ 1 Zimtstange ‖ 3 EL fein gehackte glatte Petersilie, zzgl. etwas zum Garnieren ‖ 12 mittlere oder 20–25 kleine frische ganze Sardinen, vorbereitet* (Seite 14) *und filetiert aber am Stück ‖ Salz und frisch gemahlener schwarzer Pfeffer*

EINS Das Öl in einer großen Pfanne erhitzen. Zwiebeln, Knoblauch und Paprika hineingeben und auf kleiner Flamme unter gelegentlichem Rühren 10–15 Min. braten. ZWEI Tomaten inkl. Saft, Paprikapulver, Safran, Kreuzkümmel, Lorbeerblatt, Zimtstange und Petersilie hinzufügen, mit Salz und Pfeffer würzen und unter gelegentlichem Rühren weitere 8–10 Min. kochen. DREI Die Sardinenfilets vorsichtig aufklappen, salzen, pfeffern und wieder verschließen. Die Hälfte der Tomatensauce auf dem Boden einer mittelgroßen backofenfesten Form oder einer *Cazuela* *(Seite 13)* verteilen. Die Hälfte der Sardinen nebeneinander hineinlegen. Die restliche Tomatensauce draufgeben und die übrigen Sardinen darauf verteilen. VIER Im vorgeheizten Ofen (200 °C, Gas Stufe 6) 15–20 Min. backen, bis der Fisch gar ist. Aus dem Ofen nehmen und mit etwas fein gehackter Petersilie garnieren. Sofort servieren.

Ergibt 4–6 Portionen

NÄHRWERTE JE PORTION 1544 kJ – 370 kcal – 33 g Protein – 10 g Kohlenhydrate – 8 g Zucker – 23 g Fett – 5 g gesättigte Fettsäure – 2 g Ballaststoffe – 203 mg Natrium

GESUNDHEITSTIPP Sardinen sind eine gute Quelle für mehrfach ungesättigte Fettsäuren. Diese sollen besonders wichtig für die Aufrechterhaltung des „guten“ HDL-Cholesterinspiegels im Blut sein und Herzerkrankungen vorbeugen.

Gefüllte Kalmare *Calamares rellenos*

Dieses Gericht aus Mallorca, zarte Kalmare gefüllt mit Pinienkernen und Rosinen, ergibt mit Brot und knackigem grünen Salat serviert ein einfaches und sehr leckeres Mahl. Eine andere passende Beilage sind 'Kartoffeln mit Tomaten' *(Seite 48).*

ZUTATEN ***800 g kleine oder Baby-Kalmare, vorbereitet** (Seite 14)* || ***6 Frühlingszwiebeln, sehr fein gehackt*** || ***50 g geröstete Pinienkerne*** || ***50 g Rosinen*** || ***2 kleine Eier, leicht verquirlt*** || ***100 g frische Weißbrotkrumen*** || ***1 TL gem. Zimt*** || ***200 ml Weißwein*** || ***200 ml gekaufte oder selbst gemachte Gemüsebrühe** (Seite 16)* || ***eine großzügige Prise Safranfäden*** || ***Olivenöl zum Beträufeln*** || ***Salz und frisch gemahlener schwarzer Pfeffer***

EINS Etwa 4–5 EL der Kalmartentakeln fein hacken und in eine Schüssel geben (der Rest kann in einem Fischeintopf verwertet werden). ZWEI Frühlingszwiebeln, Pinienkerne, Rosinen, Eier und Brotkrumen zu den Tentakeln geben und mischen, sodass eine relativ feste Mischung entsteht. Den Zimt hinzufügen und mit Salz und Pfeffer würzen. DREI Die Kalmare mit der Mischung füllen und in eine große *Cazuela (Seite 13)* oder eine große hitzefeste Kasserolle geben, sodass sie nebeneinander Platz finden. Mit dem Wein und der Brühe übergießen, den Safran darauf verstreuen und mit etwas Öl beträufeln. VIER Zum Kochen bringen, die Hitze reduzieren und die Kalmare 25–30 Min. unbedeckt und unter gelegentlichem Wenden garen. Sofort servieren.

Ergibt 4 Portionen

NÄHRWERTE JE PORTION 1730 kJ – 413 kcal – 38 g Protein – 24 g Kohlenhydrate – 11 g Zucker – 15 g Fett – 2 g gesättigte Fettsäure – 2 g Ballaststoffe – 526 mg Natrium

GESUNDHEITSTIPP Durch Zugabe von Rosinen, Pinienkerne und Eiern erhält dieses Kalmargericht eine verwertbare Menge Eisen. Pinienkerne enthalten außerdem viel antioxidativ wirkendes Vitamin E, Rosinen sind eine vorzügliche Kaliumquelle.

Gegrillte Jakobsmuscheln *Vieiras de Vigo*

Dieses gegrillte Jakobsmuschelgericht ergibt mit einem gemischten Salat oder dem 'Orangen-Zwiebel-Salat' *(Seite 71)* und knusprigem Brot ein perfektes Mittagessen. Wenn Sie die Muscheln nicht selbst vorbereiten möchten, bitten Sie Ihren Fischhändler darum und lassen Sie sich die Schalen geben.

ZUTATEN *12 rohe Jakobsmuscheln, vorbereitet, 8 Schalen aufbewahren ‖ 1 Knoblauchzehe, sehr fein gehackt ‖ 1 EL sehr fein gehackte Schalotten ‖ 2 EL sehr fein gehackte Tomaten ‖ 1/4 TL fein geriebene Zitronenschale ‖ 1 TL Zitronensaft ‖ 2 EL sehr fein gehackte glatte Petersilie ‖ 3 EL frische Weißbrotkrumen ‖ Olivenöl zum Beträufeln ‖ Salz und frisch gemahlener schwarzer Pfeffer*

EINS Die Jakobsmuscheln grob hacken und in eine Schüssel geben. Knoblauch, Schalotte, Tomate, Zitronenschale, Zitronensaft und Petersilie dazugeben. Salzen, pfeffern und gründlich mischen. ZWEI Die Mischung in die Schalen füllen und mit den Brotkrumen bestreuen. Mit etwas Öl beträufeln. DREI Unter den vorgeheizten mittelheißen Grill schieben und 6–8 Min. goldgelb backen, bis die Muscheln gar sind. Sofort servieren.

Ergibt 4 Portionen

NÄHRWERTE JE PORTION 580 kJ – 137 kcal – 19 g Protein – 10 g Kohlenhydrate – 1 g Zucker – 3 g Fett – 1 g gesättigte Fettsäure – 1 g Ballaststoffe – 200 mg Natrium

GESUNDHEITSTIPP Jakobsmuscheln enthalten die Spurenelemente Kupfer und Selen und auch kleine Mengen der B-Vitamine. Sie sind außerdem fettarm und enthalten einfach und mehrfach ungesättigte Fettsäuren.

Venusmuscheln in Sherry *Almejas en jerrez*

Die in diesem Rezept verwendeten kleinen cremigen Venusmuscheln aus Spanien mit orangefarbenem Fleisch sind auch unter dem Namen *Almendras de mar* (Seemandeln) bekannt und delikat-süß im Geschmack. Wenn Sie diese Sorte nicht bekommen sollten, dann nehmen Sie eine andere Art frischer Venusmuscheln. Mit knusprigem Brot zum Aufsaugen der Sauce servieren.

ZUTATEN *2–3 EL Olivenöl* ‖ *2 Knoblauchzehen* ‖ *1 kleine getrocknete Chili, zerkrümelt* ‖ *250 ml süßer Sherry* ‖ *4 EL fein gehackte glatte Petersilie* ‖ *1 kg frische Venusmuscheln, vorbereitet* *(Seite 14)*

EINS Das Öl in einer großen Pfanne erhitzen. Knoblauch und Chili hineingeben und auf mittlerer Flamme unter Rühren 30–40 Sek. braten. Sherry und Petersilie hinzufügen und aufkochen. ZWEI Die abgetropften Venusmuscheln hineingeben, zudecken und auf großer Flamme unter mehrfachem kräftigen Schütteln der Pfanne 4–5 Min. kochen, bis sich alle Muscheln geöffnet haben (geschlossene wegwerfen). DREI Die Muscheln in vorgewärmte Schalen füllen und sofort servieren.

Ergibt 4 Portionen

NÄHRWERTE JE PORTION 1307 kJ – 322 kcal – 32 g Protein – 11 g Kohlenhydrate – 4 g Zucker – 8 g Fett – 1 g gesättigte Fettsäure – 0 g Ballaststoffe – 150 mg Natrium

GESUNDHEITSTIPP Petersilie enthält viele Nährstoffe, vor allem ist sie sehr reich an Vitamin C. Petersilie wird allerdings nur in geringen Mengen verzehrt, sodass wir normalerweise nicht genug davon essen, um etwas zur Vitamin-C-Zufuhr beizutragen.

Gebackene Krebse nach baskischer Art *Txangurro al horno*

Txangurro ist das baskische Wort für Seespinne, die im Golf von Biscaya zu finden ist. Dieses Rezept verwendet normale Krebse, die Sie bei jedem Fischhändler bekommen. Sollten Sie keine ganzen Krebse finden, können Sie 400 g gegartes Krebsfleisch nehmen und in kleinen backofenfesten Formen backen.

ZUTATEN *4 ganze frisch gekochte Krebse* ‖ *2 EL Olivenöl, zzgl. etwas zum Beträufeln* ‖ *2 Zwiebeln, fein gehackt* ‖ *2 Knoblauchzehen, fein gehackt* ‖ *2 reife Tomaten, gehäutet, entkernt und fein gehackt* ‖ *4 EL gehackte glatte Petersilie, zzgl. etwas zum Garnieren* ‖ *100 ml trockener Weißwein* ‖ *100 ml gekaufte oder selbst gemachte Fisch- oder Gemüsebrühe* (Seiten 16–17) ‖ *1 TL Paprikapulver (edelsüß)* ‖ *2 EL frische Weißbrotkrumen* ‖ *Salz und frisch gemahlener schwarzer Pfeffer*

EINS Das Fleisch aus den Krebsen lösen. Die Schalen waschen, trocken tupfen und auf ein Backblech stellen. ZWEI Das Öl in einer großen Pfanne erhitzen. Zwiebeln und Knoblauch hineingeben und auf kleiner Flamme unter gelegentlichem Rühren 10–12 Min. braten, bis die Zwiebeln sehr weich sind. DREI Die Tomaten hinzufügen und auf mittlerer Flamme 10 Min. unter häufigem Rühren kochen. Petersilie, Wein und Brühe hinzufügen, mit Salz und Pfeffer abschmecken und 3–4 Min. kochen. Paprikapulver und Krebsfleisch dazugeben und weitere 3–4 Min. unter Rühren köcheln. VIER Die Mischung in die Krebsschalen füllen, mit den Brotkrumen bestreuen und mit Öl beträufeln. Im vorgeheizten Ofen (200 °C, Gas Stufe 6) 8–10 Min. backen, bis die Oberseiten leicht gebräunt sind. Mit gehackter Petersilie garnieren und sofort servieren.

Ergibt 4 Portionen

NÄHRWERTE JE PORTION 1360 kJ – 325 kcal – 32 g Protein – 12 g Kohlenhydrate – 6 g Zucker – 15 g Fett – 2 g gesättigte Fettsäure – 2 g Ballaststoffe – 600 mg Natrium

GESUNDHEITSTIPP Krebsfleisch ist ein vorzüglicher, fettarmer Proteinlieferant. Es enthält außerdem kleine Mengen der B-Vitamine und eine Reihe Spurenelemente, wie Kupfer, Zink und Selen.

Traditioneller Fisch-Kartoffel-Eintopf *Marmita-kua* Dieser robuste Fischeintopf aus dem Baskenland trägt den Namen des Topfes, in dem er traditionell gekocht wird – der *Marmita*. Den Thunfisch können Sie durch einen anderen festen Fisch ersetzen.

ZUTATEN *800 g Thunfischfilet, in großen mundgerechten Stücken ‖ 4 EL Olivenöl ‖ 2 rote Zwiebeln, halbiert und in feine Streifen geschnitten ‖ 4 Knoblauchzehen, in feinen Scheiben ‖ 3 reife Tomaten, gehäutet, entkernt und gehackt ‖ 2 Lorbeerblätter ‖ 1 rote Paprika, entkernt und gewürfelt ‖ 1 EL Paprikapulver (edelsüß) ‖ 625 g Kartoffeln, geschält und in großen mundgerechten Stücken ‖ Salz und frisch gemahlener schwarzer Pfeffer*

ZUM GARNIEREN *gehackte glatte Petersilie ‖ Kapern*

EINS Den Thunfisch in eine flache Schüssel schichten und mit Salz und Pfeffer würzen. Abdecken und beiseite stellen. ZWEI Das Öl in einer mittelgroßen Pfanne erhitzen, Zwiebeln und Knoblauch hineingeben und auf mittlerer Flamme unter häufigem Rühren 8–10 Min. dünsten. DREI Tomaten, Lorbeerblätter, Paprika, Paprikapulver und Kartoffeln hinzufügen und gut umrühren. Wasser zugießen bis die Zutaten knapp bedeckt sind und aufkochen. Die Hitze reduzieren und 25–30 Min. auf kleiner Flamme köcheln lassen, bis die Kartoffeln gar sind. VIER Den Fisch dazugeben, nochmals aufkochen und 4–5 Min. kochen. FÜNF Abschmecken, in vorgewärmte flache Schüsseln füllen, mit gehackter Petersilie und Kapern garnieren und servieren.

Ergibt 4 Portionen

NÄHRWERTE JE PORTION 2299 kJ – 547 kcal – 53 g Protein – 39 g Kohlenhydrate – 11 g Zucker – 21 g Fett – 4 g gesättigte Fettsäure – 6 g Ballaststoffe – 119 mg Natrium

GESUNDHEITSTIPP Thunfisch ist fettarm und eine ausgezeichnete Proteinquelle. Wie viele andere Fische auch enthält er verwertbare Mengen Selen, das an der Katalyse von Schilddrüsenhormonen beteiligt ist.

Gemischter Fischeintopf *Zarzuela*

Zarzuela bedeutet in Spanien eigentlich Operette. Doch hier bezeichnet es eine vorzügliche Kombination aus in Weißwein gekochtem frischen Fisch und Schalentieren. Sie können die Zutaten und Mengen ganz nach Belieben abwandeln.

ZUTATEN *2 EL Olivenöl ‖ 12 rohe Riesengarnelen (Tiger Prawns) in der Schale ‖ 1 Zwiebel, fein gehackt ‖ 4 Knoblauchzehen, zerdrückt ‖ 2 reife Tomaten, gehackt ‖ 1 Lorbeerblatt ‖ eine großzügige Prise Safranfäden ‖ 1 TL Paprikapulver (edelsüß) ‖ 1 getrocknete rote Chili ‖ 250 ml trockener Weißwein ‖ 400 g festes weißes Fischfilet, z.B. Kabeljau oder Heilbutt, in mundgerechten Stücken ‖ 4 kleine Kalmare, vorbereitet* (Seite 14) *und in Ringe geschnitten ‖ 6 frische Miesmuscheln, vorbereitet* (Seite 14) *‖ 1 EL gemahlene Mandeln ‖ 3 EL fein gehackte glatte Petersilie, zzgl. einiger ganzer Blätter zum Garnieren ‖ Salz und frisch gemahlener schwarzer Pfeffer*

EINS Das Öl in einer großen flachen hitzefesten Kasserolle erhitzen, die ganzen Garnelen hineingeben und auf großer Flamme garen, bis sie pinkfarben sind. Mit einem Schaumlöffel auf einen Teller geben und beiseite stellen. Die Zwiebel und die Hälfte des Knoblauchs hineingeben und auf kleiner Flamme unter gelegentlichem Rühren 10 Min. weich dünsten. ZWEI Tomaten, Lorbeerblatt, Safran, Paprikapulver, Chili und Wein hinzufügen und aufkochen. Fisch und Kalmare dazugeben und 5 Min. unter häufigem Rühren kochen. Anschließend die Muscheln hineingeben und unter gelegentlichem Rühren 4–5 Min. kochen, bis sich alle geöffnet haben (geschlossene wegwerfen). DREI Die gemahlenen Mandeln mit dem restlichen Knoblauch und der Petersilie mischen, in die Kasserolle geben und unterrühren. Mit Salz und Pfeffer abschmecken. Die Garnelen inkl. der ausgetretenen Flüssigkeit zurück in die Kasserolle geben und alles miteinander verrühren. In vorgewärmte, flache Suppenteller einfüllen, mit ein paar Blättern Petersilie garnieren und sofort servieren.

Ergibt 4–6 Portionen

NÄHRWERTE JE PORTION 1310 kJ – 313 kcal – 40 g Protein – 6 g Kohlenhydrate – 4 g Zucker – 10 g Fett – 1 g gesättigte Fettsäure – 2 g Ballaststoffe – 340 mg Natrium

GESUNDHEITSTIPP Ein herzhafter Fischeintopf, der fettarm und reich an Proteinen ist. Tomaten enthalten das Antioxidans Lycopen, das Studien zufolge eine wichtige Rolle in der Krebsvorbeugung spielen könnte. Man vermutet, dass es das Wachstum von Tumoren unterdrückt und Krebserreger deaktiviert.

Desserts

EL AVION
EL AVION

Pfirsiche in Weinsauce *Melocotones en vino*

In Spanien ist es durch die Fülle an Obst ganz selbstverständlich, dass es oftmals ganz allein als Nachspeise serviert wird. Hier werden duftende reife Pfirsiche mit vitalisierendem Zimt und Wein verfeinert. Das Rezept schmeckt mit frischen Birnen genauso lecker.

ZUTATEN *4 reife Pfirsiche ‖ 350 ml trockener Rotwein ‖ 75 g normaler oder Sandzucker ‖ 4 dünne Zitronenscheiben ohne Kerne ‖ 1 Zimtstange, zzgl. einiger Stücke zum Garnieren ‖ 350 ml Wasser ‖ Crème fraîche zum Servieren*

EINS Wasser in einem großen Topf zum Kochen bringen und die Pfirsiche für 30 Sek. hineingeben. Anschließend in kaltes Wasser tauchen und häuten. ZWEI Die Pfirsiche nebeneinander in einen Topf geben. Wein, Zucker, Zitronenscheiben, Zimt und das Wasser hinzufügen. Langsam erhitzen, zudecken und 12–15 Min. köcheln lassen. DREI Die Pfirsiche mit einem Schaumlöffel herausnehmen und auf einen flachen hitzefesten Servierteller geben. Die Flüssigkeit im Topf auf großer Flamme 6–8 Min. kochen, bis sie sirupartig eingedickt ist. Vom Herd nehmen und über die Pfirsiche gießen. VIER Abkühlen lassen, abdecken und 2 Std. kalt stellen. Die Pfirsiche in kleine Schalen oder auf Tellern mit dem Sirup beträufeln und mit einem Klecks Crème fraîche versehen. Jede Portion mit einem Stück Zimtstange garnieren und servieren.

Ergibt 4 Portionen

NÄHRWERTE JE PORTION 720 kJ – 170 kcal – 1 g Protein – 28 g Kohlenhydrate – 28 g Zucker – 0 g Fett – 0 g gesättigte Fettsäuren – 3 g Ballaststoffe – 10 mg Natrium

GESUNDHEITSTIPP Pfirsiche enthalten verwertbare Mengen Vitamin C. Wie viele andere gelbe Früchte und Gemüsesorten auch, enthalten sie Beta-Carotin, die Vorstufe von Vitamin A. Beide Vitamine stärken das Immunsystem.

Gefüllte Feigen *Higos rellenos*

In Hülle und Fülle bringt der spanische Sommer diese Frucht hervor, von der es über 60 verschiedene Sorten gibt. Viele werden getrocknet, da nicht alle roh genießbar sind. In diesem unwiderstehlich köstlichen Rezept quellen die Feigen in einem mit Zimt und Honig aromatisierten Sherry.

ZUTATEN *150 ml klarer Honig* | *100 ml dunkler, süßer Sherry, z.B. Pedro Ximénez* | *1 TL gemahlener Zimt* | *12 große getrocknete Feigen* | *300 ml Wasser* | *12 blanchierte ganze Mandeln* | *fettarmer Frischkäse oder Crème légère zum Servieren*

EINS Honig, Sherry, Feigen und das Wasser in einem Topf auf mittelgroßer Flamme zum Kochen bringen. Die Hitze reduzieren und 10–12 Min. sanft köcheln lassen. Vom Herd nehmen und 3–4 Std. bedeckt quellen lassen. ZWEI Die Feigen mit einem Schaumlöffel aus dem Topf nehmen. Die Flüssigkeit im Topf aufkochen und auf großer Flamme 4–5 Min. kochen, bis sie zu einer sirupartigen Konsistenz eingedickt ist. Vom Herd nehmen und beiseite stellen. DREI Mit einem kleinen scharfen Messer einen kleinen Einschnitt in die Spitze jeder Feige vornehmen und je eine Mandel hineinstecken. Die Feigen mit dem warmen Sirup beträufeln und mit einem Klecks Frischkäse oder Crème légère servieren.

Ergibt 4 Portionen

NÄHRWERTE JE PORTION 1366 kJ – 322 kcal – 4 g Protein – 64 g Kohlenhydrate – 64 g Zucker – 5 g Fett – 0 g gesättigte Fettsäuren – 9 g Ballaststoffe – 47 mg Natrium

GESUNDHEITSTIPP Trockenfeigen sind eine gute Quelle für Ballaststoffe, die für die Darmfunktion grundlegend sind und vorbeugend gegen Verstopfung wirken. Feigen enthalten außerdem verwertbare Mengen Kalzium und Magnesium, die unerlässlich für den Erhalt der Knochen sind.

Mandel-Zitronen-Kuchen *Tarta de almendras y limón*

Dieser herrlich duftende Kuchen mit Mandeln und Zitrone enthält überhaupt kein Mehl. Besonders köstlich schmeckt er mit einem Klecks frischem Naturjoghurt und frischen Beeren.

ZUTATEN *4 Eier* || *175 g normaler oder Sandzucker* || *fein geriebene Schale von 1 Zitrone* || *Saft von 1 Zitrone* || *400 g gemahlene Mandeln* || *Puderzucker zum Bestäuben*

EINS Die Seiten einer Kastenform (20 cm Länge) mit losem Boden einfetten und den Boden mit Back- oder Pergamentpapier auslegen. **ZWEI** Die Eier mit einem Handrührgerät in einer großen Schüssel schaumig schlagen. Nach und nach den Zucker hineingeben und schlagen, bis die Masse hell und dick ist. **DREI** Zitronenschale und -saft und die gemahlenen Mandeln mit einem Metalllöffel vorsichtig unterheben, bis alles gut verbunden ist. **VIER** Die Masse in die Kuchenform füllen und im vorgeheizten Ofen (190 °C, Gas Stufe 5) 35–40 Min. goldbraun backen. Ein in die Mitte gestochenes Holzstäbchen sollte sauber herauskommen. **FÜNF** Die Kuchenform auf ein Kuchengitter stellen und 10 Min. abkühlen lassen. Erst dann aus der Form heben und das Papier abziehen. Mit Puderzucker bestäuben und in Rechtecke geschnitten servieren.

Ergibt 6 Portionen

NÄHRWERTE JE PORTION 2406 kJ – 577 kcal – 19 g Protein – 35 g Kohlenhydrate – 34 g Zucker – 41 g Fett – 4 g gesättigte Fettsäuren – 9 g Ballaststoffe – 60 mg Natrium

GESUNDHEITSTIPP Die Mandeln in diesem Kuchen bedeuten einen recht hohen Ballaststoffgehalt und die Eier liefern Eisen und Vitamin A. Außerdem stellen Eier eines der wenigen Lebensmittel dar, die als Vitamin-D-Quelle dienen. Vitamin D wird im Körper durch die Einwirkung von Sonnenlicht auf unserer Haut gebildet.

Zimt-Eiscreme *Helado de canela*

In Spanien wird Eiscreme nur selten zu Hause serviert. Dafür nascht man sie umso häufiger in Straßencafés und Restaurants. Diese mit Zimt aromatisierte Eiscreme ist ein besonderer Sommerfavorit und da sie mit Joghurt zubereitet wird, kann man sie ohne Gewissensbisse schlemmen.

ZUTATEN *750 ml fettarmer Joghurt mit Vanillearoma* ‖ *2 EL gemahlener Zimt* ‖ *1 TL fein geriebene Schale einer Zitrone* ‖ *4 EL Puderzucker* ‖ *süße Kekse zum Servieren (wahlweise)*

EINS Alle Zutaten in einer großen Schüssel gründlich mischen. Die Masse in eine Eiscrememaschine füllen und den Anweisungen des Herstellers folgen. ZWEI Alternativ die Masse in einen flachen Tiefkühlbehälter füllen und 3–4 Std. einfrieren, bis sie beinahe fest ist. Mit einem Handrührgerät schlagen oder im Mixer oder in der Küchenmaschine mixen, bis die Masse wieder weich ist. Anschließend wieder in den Gefrierschrank stellen. DREI Alle 2 Std. auf dieselbe Weise verfahren, d.h. alle entstehenden Eiskristalle aufbrechen, bis die Eiscreme weich ist und anschließend wieder einfrieren, bis sie fest ist. VIER Die Eiscreme 20 Min. vor dem Servieren in den Kühlschrank stellen. Mit einem Löffel in gekühlte Dessertschalen füllen und nach Wunsch mit süßen Keksen servieren.

Ergibt 4 Portionen

NÄHRWERTE JE PORTION 1056 kJ – 248 kcal – 7 g Protein – 55 g Kohlenhydrate – 55 g Zucker – 2 g Fett – 1 g gesättigte Fettsäuren – 0 g Ballaststoffe – 120 mg Natrium

GESUNDHEITSTIPP Der in dieser fettarmen Eiscreme verwendete Joghurt ist eine ausgezeichnete Quelle für Kalzium, Magnesium und Phosphor. Kalzium ist unentbehrlich für gesunde Knochen, ein Aspekt der insbesondere bei Frauen nach der Menopause an Bedeutung gewinnt.

Blutorangen-Eis *Helado de naranja sanguinea*

Die südliche Küste Valencias ist bekannt als *Costa del Azahar* (Küste der Orangenblüten) und es heißt, dass Seeleute den Duft der Blüten bis zu zehn Seemeilen von der Küste entfernt noch wahrnehmen. Dieses mit purem Blutorangensaft hergestellte Eis am Stiel ist sehr einfach zuzubereiten und an heißen Sommertagen ganz besonders erfrischend. Alternativ können Sie den frisch gepressten Saft jeder anderen aromatischen Orange verwenden.

ZUTATEN *500 ml frisch gepresster Blutorangensaft* ‖ *2 EL Puderzucker*

EINS Blutorangensaft und Zucker in einem großen Krug vermischen. ZWEI Die Mischung in 4 Eisförmchen (Behälter für Eis am Stiel) füllen und mind. 3–4 Std. einfrieren. DREI Sobald sie gefroren sind, die Eisförmchen 20–30 Sek. lang in heißes Wasser tauchen und das fertige Eis herausdrücken. Sofort servieren.

Ergibt 4 Portionen

NÄHRWERTE JE PORTION 300 kJ – 70 kcal – 1 g Protein – 18 g Kohlenhydrate – 18 g Zucker – 0 g Fett – 0 g gesättigte Fettsäuren – 0 g Ballaststoffe – 3 mg Natrium

GESUNDHEITSTIPP Orangensaft ist eine besonders gute Quelle für Vitamin C, einem lebenswichtigen Antioxidans. Orangen enthalten außerdem viel Beta-Carotin, einer Vorstufe von Vitamin A.

Mandelmilch *Horchata*

Diese kostbare cremige Mandelmilch findet man in Spaniens Saftbars und Eisdielen. Lebensmittelläden und Supermärkte bieten sie im Tetrapack an. Verwenden Sie für dieses erfrischende und nahrhafte Getränk nur die feinsten spanischen Mandeln.

ZUTATEN ***300 g blanchierte ganze Mandeln* ‖ *1,5 l Wasser* ‖ *2 EL normaler oder Sandzucker* ‖ *eine Prise gemahlener Zimt* ‖ *zerstoßenes Eis zum Servieren***

EINS Die Mandeln mit 400 ml des Wassers in die Küchenmaschine füllen und mixen, bis die Mischung so glatt wie möglich ist. ZWEI Mit dem restlichen Wasser in eine Schüssel geben und gut verrühren. Zudecken und über Nacht im Kühlschrank ziehen lassen. DREI Die Flüssigkeit durch ein feines Sieb oder ein Passiertuch in einen Topf seihen. Zucker und Zimt hinzufügen und aufkochen. Vom Herd nehmen und abkühlen lassen. In einen Krug oder eine Schüssel umfüllen, zudecken und 3–4 Std. kalt stellen. VIER 4 hohe Gläser mit zerstoßenem Eis auffüllen, die Mandelmilch hineingießen und sofort servieren.

Ergibt 4 Portionen

NÄHRWERTE JE PORTION 1118 kJ – 269 kcal – 8 g Protein – 13 g Kohlenhydrate – 12 g Zucker – 21 g Fett – 2 g gesättigte Fettsäuren – 0 g Ballaststoffe – 11 mg Natrium

GESUNDHEITSTIPP Mandeln sind, wie andere Nüsse auch, ein toller Weg, um sich das wertvolle Antioxidans Vitamin E zuzuführen. Sie enthalten außerdem verwertbare Mengen der B-Vitamine und sind eine recht gute Quelle für Kalzium, Magnesium und Phosphor.

Spanische Cremespeise *Natillas*

Nach einem herzhaften Hauptgang sind die cremigen, zimtigen *Natillas* ein schier perfektes Dessert. Einen noch feineren Geschmack erzielt man durch die Zugabe von geriebener Orangen- oder Zitronenschale.

ZUTATEN *750 ml teilentrahmte Milch ‖ 1 Zimtstange ‖ 6 Eigelbe ‖ 150 g normaler oder Sandzucker ‖ 2 TL Speisestärke ‖ gemahlener Zimt zum Bestäuben ‖ süße Kekse zum Servieren (wahlweise)*

EINS 700 ml der Milch mit der Zimtstange in einem Topf auf mittlerer Flamme zum Kochen bringen. In der Zwischenzeit die Eigelbe mit dem Zucker in einer großen Schüssel mit dem Handrührgerät schaumig schlagen. ZWEI Die Speisestärke in einer Tasse mit der restlichen Milch verrühren, zur Eigelbmasse geben und schlagen, bis alles verbunden ist. DREI Die Milch sobald sie kocht vom Herd nehmen, und die Zimtstange herausnehmen. Die Eigelbmischung unter ständigem Rühren nach und nach hinzufügen. Den Topf auf den Herd zurückstellen und auf kleinster Flamme unter ständigem Rühren kochen, bis die Creme eindickt. Vom Herd nehmen und abkühlen lassen. Anschließend mit einem Löffel in Schälchen oder Dessertgläser füllen. VIER Abdecken und 2–3 Std. oder über Nacht kalt stellen. Vor dem Servieren mit ein wenig gemahlenem Zimt bestäuben und nach Wunsch mit süßen Keksen reichen.

Ergibt 4 Portionen

NÄHRWERTE JE PORTION 1412 kJ – 334 kcal – 11 g Protein – 51 g Kohlenhydrate – 49 g Zucker – 11 g Fett – 4 g gesättigte Fettsäuren – 0 g Ballaststoffe – 46 mg Natrium

GESUNDHEITSTIPP Diese Cremespeise ist sehr reich an Kalzium, und durch das Eigelb enthält sie viel Vitamin D. Dieses Vitamin spielt eine ausschlaggebende Rolle bei der Aufrechterhaltung des Kalziums in den Knochen. Vitamin-D-reiche Ernährung ist für solche Menschen lebenswichtig, die ans Haus gebunden sind oder deren Haut kein Sonnenlicht verträgt.

Perlende Pfirsich-Sangria *Sangria de melocotón*

Diese prickelnde Sangria wird mit Cava hergestellt – dem weißen Schaumwein Spaniens und ist ideal für besondere Anlässe. Besorgen Sie sich die süßesten reifen Pfirsiche.

ZUTATEN ***4 reife Pfirsiche, gehäutet** (siehe Seite 146)**, entkernt und in Scheiben geschnitten** ‖ **25 g normaler oder Sandzucker** ‖ **5 EL Pfirsichlikör** ‖ **1 kleine unbehandelte Zitrone, halbiert und in dünnen Scheiben** ‖ **200 ml Pfirsichsaft** ‖ **750 ml gekühlter Cava oder ein anderer perlender trockener Weißwein** ‖ **Eiswürfel oder zerstoßenes Eis zum Servieren***

EINS Pfirsiche, Zucker, Likör, Zitronenscheiben und Pfirsichsaft in eine Schüssel geben. Abdecken und über Nacht in den Kühlschrank stellen. ZWEI 6 hohe gekühlte Gläser mit Eis auffüllen. Den Pfirsichdrink in einen großen Krug oder in eine Schüssel umfüllen. Den Cava hineinschütten und umrühren. In die vorbereiteten Gläser gießen und je Glas ein paar Obstscheiben einfüllen. Sofort servieren.

Ergibt 6 Drinks

NÄHRWERTE JE PORTION 1169 kJ – 277 kcal – 2 g Protein – 30 g Kohlenhydrate – 30 g Zucker – 0 g Fett – 0 g gesättigte Fettsäuren – 3 g Ballaststoffe – 16 mg Natrium

GESUNDHEITSTIPP Der Pfirsichsaft in diesem Getränk enthält sowohl einige B-Vitamine und Vitamin C als auch Beta-Carotin, die Vorstufe von Vitamin A. Denken Sie daran, dass der aus Schaumwein stammende Alkohol schneller in die Blutbahn gelangt als jener, der in „stillem“ Wein enthalten ist – also, gemächlich schlürfen und genießen!

Register

Bild- und Textnachweis

HERAUSGEBERIN Nicky Hill
LEKTORIN Fiona Robertson
GESTALTUNG Geoff Fennell
FOTOGRAFIE Jason Lowe /© Octopus Publishing Group Ltd
FOOD STYLIST Sunil Vijayakar
PROP STYLISTIN Liz Hippisley
HERSTELLUNGSLEITER Manjit Sihra